公共治理与公共政策研究丛书

事理之间：
公共政策教学研究案例

王春城　编著

燕山大学出版社

·秦皇岛·

图书在版编目（CIP）数据

事理之间：公共政策教学研究案例 / 王春城编著.
秦皇岛：燕山大学出版社，2024．9．--（公共治理与
公共政策研究丛书）．-- ISBN 978-7-5761-0713-5

Ⅰ．D035-01

中国国家版本馆 CIP 数据核字第 2024GR0386 号

事理之间：公共政策教学研究案例
SHILI ZHIJIAN:GONGGONG ZHENGCE JIAOXUE YANJIU ANLI
王春城 编著

出 版 人：陈 玉
责任编辑：孙亚楠　　　　　　　　　　策划编辑：孙亚楠
责任印制：吴 波　　　　　　　　　　封面设计：方志强
出版发行：燕山大学出版社　　　　　　电　　话：0335-8387555
地　　址：河北省秦皇岛市河北大街西段 438 号　　邮政编码：066004
印　　刷：涿州市般润文化传播有限公司　　经　　销：全国新华书店

开　　本：710 mm×1000 mm　　1/16　　印　　张：13.75　　字　　数：220 千字
版　　次：2024 年 9 月第 1 版　　　　　印　　次：2024 年 9 月第 1 次印刷
书　　号：ISBN 978-7-5761-0713-5
定　　价：55.00 元

河北省高等学校人文社会科学重点研究基地
燕山大学县域振兴发展政策研究中心资助

序

　　事理即"事物"及其背后的"道理"，它反映了人类认知活动的基本对象和根本内容，也体现了不同层次认知活动的级别差异。人们无论是学习已有知识还是探索未知的努力，都是在试图实现对事物的认识即"获致知识"（know-knowledge）。如果说，作为我们认识对象的事物既包括那些相对容易感知的方面，也包括那些不易洞察的部分，那么认知活动便可区分为表层认知和深度认知。如果只针对表象而"就事论事"便属于前者，后者则要求透过"事"而弄清"理"。否则，肤浅、矛盾甚至谬误将消解认知活动的正向价值。

　　明事理是人才培养的出发点和落脚点，既是设定人才培养目标的出发点，也是检验人才培养实际成效的最终标准。认知是行动之基，只有正确的认知才能保证有效的行动。所谓人才，可通俗地理解为"只有这人才行"，简称"人才"——别人不知道，他们知道；别人也知道，他们知道更多；别人也知道得多但做得不那么好，他们不仅知道得多而且做得更好。由此来看，人才培养的目的和意义，就在于通过认知的积累而训练卓有成效的行动者，尤其对于复杂的专业领域而言，必须"专业的人来做专业的事"。而专业或不专业，其实也就是指对该专业领域的"事"能否看明白，对这些事背后的"理"能否想明白，在此基础上把"事"处理好，实现明心见性、知行合一。

　　案例是联结"事"和"理"之间的一道桥梁，案例教学是人才培养的有效方式。"事"和"理"共同构成"事理"，它们是"事理"的一体两面，但这是从抽象意义来说的。在现实的具体情形中，"事"和"理"往往并不是如影随形的，甚至两者之间存在着巨大的阻隔，以致认知者见"事"不见"理"，做的"事"不合"理"。造成这种局面的主要原因就在于，"事"是具体的、形象的、特殊的，一件事就是一件事，"理"却是普遍的、抽象的、一般的，一个理对应着许多事。现代的专业人才培养，不可能不受时限约束而采取"点滴成河、聚沙成塔"的方式，通过对一件件具体"事"的亲身探索而知晓"理"，相反，直接将前人探索和验证的"理"提供上来，以致培养的人才虽知识丰富但不切实际，虽知晓规律但不会行事，眼高而手低。面对"事"和"理"之间的分隔，有必要借助特定的载体来实现两者的联通。案例（case）便能有效发挥桥梁的作用，通过它所涉及的"事"来挖掘相应的"理"，让难以吃透的知识和规律从"抽象"回到"形象"，再从"具体"升华到"普遍"，最终实现对"事"和"理"的统一把握。可以说，案例是中观的，它能有效地联结微观的"事"和宏观的"理"。通过案例教学（case study），有利于保证人才培养的效果是既知其然又知其所以然，既掌握普遍性规律又能将其具体化适用，既有战略性思维又有实际行动能力。

案例是案例教学的基本条件，案例开发是高水平案例教学的关键支撑。事例（example）不等于案例，举例说明（illustration）不等于案例教学。案例本身是经规范提炼并以特定体例呈现的"事"，案例分析是深度挖掘案例背后的"理"，案例教学有着一套明确目标和操作规程，其意义在于以"事"明"理"，以"理"看"事"，借着案例和案例教学实现理论联系实际乃至由"事"到"理"的知识生产。由此可见，案例是整个案例教学的起点，案例的"含金量"从根本上决定着案例教学的"成色"。当然，案例的好坏没有绝对标准，除了其本身的科学性和前沿性，对于教学目标的实用性和适用性在更大程度上影响着案例教学的实效。在此意义上，相对于"拿来"的案例，根据自身教学情形而自主开发的案例具有不可替代的优势。

公共管理学是一门综合性应用型的文科专业，更离不开本土原创性案例的开发。公共管理是以党政机关、事业单位、社会组织等公共部门为主体，为了达成公共目标和促进公共利益，而处理公共事务、解决公共问题、提供公共服务的各项活动，其专业性、复杂性和综合性十分显著，这就要求公共管理从业者更加具备上述"人才"的特质。公共管理学人才培养必须有效响应其素质能力需求，既具备宽广且深厚的理论积累，还要经过具体且灵活的能力培育，不夸张地说，就是"上知天文地理、下知鸡毛蒜皮"，特别是面向特定区域和基层培养公务人才时。这是靠传统单一的理论讲授或实习实践很难全面达成的目标。案例教学为此提供了实现途径，如果能够结合本土原创性案例，教学和人才培养效果将是不言而喻的。

正是以上关于公共管理人才培养的"事理"，强烈地驱动了作者编写一本教学案例著作。王春城教授编写的《事理之间：公共政策教学研究案例》一书，面向公共管理学本科生和研究生案例教学的现实需求，立足处于京畿腹地的燕赵大地，着眼于中国式现代化的河北场景，聚焦公共治理中的典型事例和地方经验，针对公共政策中的热点事件或难点问题，运用公共管理学的经典理论和分析框架，编写案例并进行学理性挖掘，以此实现鲜活事例与宏观理论的衔接互嵌，达到"透过事、看清理"的效果，帮助教学双方借助案例生动地实现"真材实料""真实互动"和"真刀真枪"，打通在课堂上"理论联系实际"的"最后一公里"，有力有效地达成人才培养目标。

希望这个初衷和愿景在广大读者这里实现。

河北省社会科学院原院长

燕山大学文法学院（公共管理学院）荣誉院长

郭金平

2024 年 5 月

目　　录

第一篇

石家庄公共自行车发展之困：冲出"十面霾伏"的压力与推广绿色出行的乏力

一、案例正文

石家庄公共自行车发展之困：

冲出"十面霾伏"的压力与推广绿色出行的乏力

摘要： 推广和发展公共自行车，是构建城市绿色交通体系的重要举措，在缓解交通拥堵、减少能源消耗、治理空气污染等方面均具有积极意义。对于河北省会石家庄这样深受雾霾困扰的城市而言，尤为如此。石家庄市早在 2011 年就正式开始推广公共自行车，当时由市公安交通管理局投资 30 万元购买了 1000 辆自行车，放置于 15 个租车点供市民免费使用，但时间不长便因运营管理问题而萎缩甚至荒废。2013 年，当整个城市陷入"十面霾伏"危机之际，石家庄市在借鉴杭州等城市经验的基础上开始了对新模式的探索，由市公安交通管理局负责引导推广，由河北三川数字信息亭传媒有限公司负责运营并进行系统维护，首批建立了 10 个租车点，投入了 1000 辆自行车。然而，当初所提出的"2014 年年底前建成总投资 2.5 亿元、依托数字信息技术优势和网点管理、含 1000 个租车服务网点、投放自行车 5 万辆"的目标，时至今日不仅远未完成，且首批投放的自行车、设置的租车点也呈现荒废之势，整个城市公共自行车服务系统的发展毫无进展。公共自行车具有公共产品属性，围绕供给方式而作出的公共政策选择至关重要。地方政府处于何种政策环境、面对何种政策问题、本着何种政策价值、向着何种政策目标、吸纳何种政策主体、采用何种政策工具、执行何种政策方案，从根本上决定着这项工作的有效程度。本教学案例便围绕这些核心问题及有关知识点进行系统深入梳理，剖析案例背后所蕴含的种种因果关系，帮助 MPA 学生在鲜活生动的具体实践探索中消化知识、运用知识、提炼知识，提升自身发现问题、分析问题和解决问题的能力。

关键词： 公共自行车；绿色交通；公共政策；石家庄

适用主题： 公共政策功能论；公共政策主体论；公共政策客体论；公共政策环境论；公共政策价值论；公共政策工具论；公共政策制定论；公共政

策执行论。

（一）引言：特殊情境下的公共自行车事业发展

2013年，雾霾开始在中国大面积集中暴发，"十面霾伏"成为举国之患、全民之忧，严控污染排放、治理空气污染迅速成为党和政府的施政之要。对河北省会石家庄市而言，其问题严重程度和形势危急程度要远高于其他城市，"雾霾"日益成为这个城市的一个"标签"——当人们提起石家庄，几乎同时会联想到雾霾。在2013年的12个月当中，每月空气质量较差的前十名中都会看到石家庄。[①]在此背景下，通过多管齐下、多措并举，尽快改善空气质量，尽量保障人民群众身体健康，成为这个城市管理与发展面临的首要任务。

正是在这种严峻形势下，石家庄市重新启动了公共自行车发展事业，改变过去的服务供给模式和运营管理方式，借鉴杭州等地的有益经验，试图形成有效的城市绿色出行新体系，为治理空气污染、促进节能减排、缓解交通拥堵发挥积极作用。然而几年过去了，尽管公共自行车在全国诸多城市均表现出良好发展态势并取得显著发展成效，尽管治理空气污染的压力不但没有缓解反而与日俱增，尽管类似长期单双号限行这样的措施都已被采用，但石家庄公共自行车发展景象却一片惨淡，不仅远未实现当时的规划目标，而且日益萎缩甚至呈现荒废之势。

对此，我们不禁要问：原因何在？又该如何走出发展困境呢？

（二）公共自行车及其国内外推广应用概况

公共自行车（public bicycle），顾名思义，是指一套通过特定方式提供给不特定使用者租用的公益性、公用性、共享性的自行车服务系统，通常以城市为单位进行部署、建设及管理。在各地，它有不同的称谓，例如"公共自行车租赁系统""单车租赁系统""公共自行车服务系统""公共自行车管理系

[①] 根据中国环境监测总站的空气质量状况报告的权威数据整理。

统""便民自行车系统""公共自行车免费系统""公租自行车"。

公共自行车概念的提出与实践探索最早起源于欧洲。早在 1965 年，荷兰阿姆斯特丹一个无政府主义组织将一些涂成白色、没有上锁的自行车放在公共区域供人们长期免费使用，称为"白色自行车计划"。结果，与倡议者的初衷相反，所有的自行车在几天之内几乎全部丢失或被破坏，计划彻底失败，但这次尝试被普遍认为是历史上最早的公共自行车系统的起源。30 年后，第二代公共自行车系统在丹麦哥本哈根出现，其特点是设置特定的存取地点，取车时以硬币作为凭证，还车时返还硬币，使用者是匿名的。尽管进行了特别设计，自行车仍然经常丢失，但这一系统直到今天仍然存在。

20 世纪 90 年代末期以来，利用现代先进的电子、信息集成、无线通信和互联网技术的，新型的公共自行车系统在欧洲一些国家相继出现。在法国巴黎和里昂，由政府主导，欧洲最大的机场及户外广告运营商德高公司（JCDecaux Group）负责运营。招标时，德高公司以 9000 万欧元的启动资金及相关服务竞得 10 年的运营权。根据协议，德高公司每年的运营收入全部上缴市政府，另需支付 300 万欧元的广告特许经营费，得到全市 1628 块广告牌的经营权。德高公司负责运营、维护、调度等，确保提供协议规定的服务。运营收入主要包括会员费和租金，以及自行车损坏、丢失或超期使用情况下的赔偿金。会员费和短时间内的租金都很便宜。从 2011 年 7 月 15 日起，巴黎从政府层面启动了 Velib（自行车自助出租服务），巴黎市政府将两万辆特制的优质自行车安放在全市 300 多个自行车站，用一套电子智能系统来管理人们对自行车的租借、使用和存放。自行车站如同公共汽车站那样，每隔 300 米就有一站，位置是经过精心测定和设计的，同原有的公交系统——地铁、公交和出租车站形成良好的衔接和配合，方便人们随时随地换乘。每个自行车站都有几十辆自行车，每辆自行车通过一个电子锁固定在停车位上，同时有一个智能的电子收费管理柱供大家通过刷卡来借车和存车。以几乎免费的性质租借给市民自由使用，长期用户的年度使用费为 29 欧元，短期用户为每天 1 欧元或每星期 5 欧元，这些费用意味着用户可以在使用期限内无限次租借。①

　　我国自 2007 年起，智能化运营管理的、真正具备一定实用价值的公共自行车系统先后在北京、杭州、武汉等大城市开展试点，逐步向其他省会城市拓展，部分中小城市也进行尝试。北京于 2007 年 8 月开始运行公共自行车系统，在 2008 年奥运会期间为市民和游客服务，规模达到 5 万辆，但在奥运会结束后，因多方面原因停止运营。此后，北京市的公共自行车系统建设模式历经多次调整，慢慢恢复建设运营，基本以区为单位进行建设，由市政管委负责。杭州是最早开展公共自行车试点的省会城市之一，于 2008 年 3 月开始采取政府引导、企业运作的模式，在国内率先构建公共自行车交通（免费单车）系统，并将其纳入城市公共交通体系之中，以解决公交出行"最后一公里"问题。次年，武汉开始试点，由民营企业投资建设，政府给予财政及资源补贴。2014 年 4 月，武汉公共自行车试点正式终止，由国有企业建设运营。2014 年 12 月，武汉市政府投资，国有企业建设并运营。②

　　随后，全国百余大中小城市纷纷开展公共自行车试点。由于缺乏权威的统计机构进行确认，各城市的公共自行车数量难以有确切的数据。根据招标采购公告和相关媒体报道，试点规模较大的有杭州、北京、西安、宁波、武汉、太原、南京等城市，但实际建设规模、车位车辆保有规模、日均实际使用人次等准确数据无从知晓。公共自行车广受市民欢迎，但普遍存在运营费用高、缺乏对投资效益的评审论证和监管等问题。其中有不少城市的公共自行车运行并不理想，有的甚至成为摆设。

（三）公共自行车在石家庄初次亮相

　　石家庄市是河北省省会，地处华北平原腹地，北靠京津，东临渤海，西

---

① 巴黎：骑自行车的城市更美丽 . 中国网，http：//www.china.com.cn/fangtan/zhuanti/2012yxfrance/2012-03/27/content_24998403.htm.

② 武汉：3 亿投入 4 年就"瘫痪"，公共自行车项目缘何陷困境 . 新华网，http：//news.xinhuanet.com/politics/2014-04/13/c_1110219296.htm；武汉公共自行车重启再生变数 . 新浪网，http：//news.sina.com.cn/o/2014-12-22/005931310954.shtml.

依太行山，是首都的南大门。现辖 8 个区、11 个县、2 个县级市和 1 个国家级高新技术开发区，总面积 1.58 万平方千米。石家庄市是全省的政治、经济、科技、金融、文化和信息中心，是国务院批准实行沿海开放政策和金融对外开放的城市，是经济特色明显、主导产业突出、人民生活富有、发展前景广阔的中国北方重要中心城市之一。[①]

2011 年 1 月，为了倡导绿色、环保、低碳的交通出行方式，石家庄市公安交通管理局投资 30 万元购置的 1000 辆公共自行车正式投入使用。[②] 市区初设 15 个租车点，主要分布在二环以里的中山路、裕华路、槐安路等主干道沿线以及火车站、体育场馆、大型商场等人流集中部位，具体分布情况如下：中山路与友谊大街交叉口东南角（50 辆）；中山路与中华大街交叉口西南角（50 辆）；中山路与建设大街交叉口东北角（50 辆）；中山路与体育大街交叉口东南角（50 辆）；裕华路与平安大街交叉口东北角（50 辆）；裕华路与建设大街交叉口西南角（50 辆）；槐安路与体育大街桥下警务室旁边（100 辆）；槐安路与建设大街桥下（100 辆）；槐安路与中华大街桥下（100 辆）；火车站广场（100 辆）；客运总站（100 辆）；省会文化广场（50 辆）；河北师范大学东校区南院门口（50 辆）；民心广场东北角（50 辆）；人民广场（50 辆）。

公共自行车街头一现，便受到各方好评。市民王先生在国际大厦附近一家企业上班，因为喜欢摄影，每逢周末他就在国际大厦附近的公共自行车点无偿借用自行车逛街，在感受省会日新月异变化的同时，把自己喜欢的美景摄入相机，别有一番乐趣，因此他心里一直感念石家庄市交管局推出的便民举措。石家庄市烟草公司稽查大队的许先生需要经常到市场检查有无假烟，如果开汽车走街串巷很不方便，公共自行车为其提供了很大便利。

---

① 石家庄市政府官网，http://www.sjz.gov.cn/columns/3b67f926-6962-4cac-96e8-480412da785c/index.html.

② 千辆自行车供市民无偿使用 [N]. 石家庄日报，2011-01-20（06）.

（四）早期运营模式陷入困境

公共自行车的投入使用确实为市民出行带来便利，很多市民借自行车出行逐渐形成习惯，然而，其随后的发展却不尽如人意，一年半以后便近乎陷入瘫痪和荒废。[①]

公共自行车知晓率低，使用率低，使用不便。租车点都未设明显标识，前来借车的人多数是大学生，他们大都是通过媒体报道或是从同学那里了解到租车点信息的，路过者和外来人员没看到报道，则很难知道无偿借用自行车的信息。有人下午5点来借车，就被协管员告知"不能借"，因为自行车需当天借、当天还。一位女士说，刚开始的时候她经常来借自行车，可后来发现自行车网点太少，还车不方便，而且很多自行车有毛病，所以她后来很少借了。

自行车得不到及时维护，破损率高。中山路体育大街租车点最初投入50辆自行车，但到了2012年6月12日的景象是：自行车分两处存放，北面12辆被钢丝绳捆绑，等待来人维修；南面38辆中，有14辆同样被钢丝绳锁着，车座上布满一层尘土……

租车点难以为继，数量不断减少。有些租车点不见了，市民想借自行车找不到地方。蒙女士家住范西路，从2011年2月她就开始体验石家庄市交管局为市民提供免费自行车的便利，起初她是在北国商城附近的租车点借，每周都要借两三次。她说，从家里走到那个租车点需要10分钟，然后借车逛街买东西，或到朋友家串门，北国商城那个租车点撤销后，她不得不转移到青园街租车点借车。

技术手段落后，管理效率低下。在每个租车点，自行车采用普通的存放方式，借出时需要向协管员索取钥匙打开车锁，归还时需要将车锁好后向协管员归还钥匙。协管员使用一个类似手机的设备——物联网公共自行车管理系统前端设备，输入记录每辆自行车的借出时间和归还时间，查看总体借出数量和归还数量等。

---

① 石家庄打造自行车租赁系统，上万自行车供市民使用. 长城网，http://heb.hebei.com.cn/system/2012/06/15/011919691.shtml.

协管员分身乏术，管理粗放，成本高。公共自行车的借车还车也存在着一些问题，以中山路上的租车点为例，路口有 5 名协管员执勤，轮流到小房子休息 10 分钟，如有借车或还车的人，谁在小房内休息，就由谁办理有关手续，赶上忙的时候，就无暇出来进行借还车的验收了。长安交警大队二中队负责人表示，依照规定，协管员应及时验收自行车；但他们这个租车点配发了 130 多辆自行车，因夏天借车人少，大部分自行车存放在东二环的仓库里。青园街与中山路口的租车点，同样由协管员轮流管理，协管员们一边在路口执勤，一边还要兼顾自行车管理，往往顾此失彼。

石家庄市交管局有关处室负责人表示，他平时也经常接到有关这方面问题的投诉，比如有的人下午 6 点 30 分后到租车点还车，协管员却下班了，对此他们也颇感无奈。原因是交管部门的主要职责是维护交通秩序，无偿提供自行车只是一种便民措施，不能牵扯更多精力，因此他们只能在现有条件下，尽量做得更好。他同时表示，因为自行车损坏比较多，他们不断对租车点进行调整，到了 2012 年 6 月，租车点已从 15 个萎缩至 10 个，减少了 5 个。

（五）雄心勃勃的新规划

当工作出现颓废之势，当自身管理模式陷入困境之际，人们就会向外界寻求成功经验。石家庄市委市政府决策咨询委员会副主任李树声提出，建设自行车租赁网络，是提倡绿色出行、解决城市交通拥堵问题的有效措施，石家庄市交管局在这方面率先垂范，理应受到社会的理解和尊重。然而，要想号召更多市民选择骑自行车出行，仅靠目前这十几个租车点不行，还应向杭州学习，采取招商的办法，由企业投资，扩大自行车租赁网点，延长借用时间，让市民在每个地方都可随时借用归还。他认为，要建设好自行车租赁网络固然重要，科学规范管理更不能忽视。比如杭州规定市民或游客可凭借公交 IC 卡租借自行车。为了加快自行车周转，提高使用率，自行车租赁将会有一个"免费时限"。也就是说，如果过了这个"免费时限"，系统就会自动从使用者卡中扣除延迟归还费。这样，可减少自行车损坏和丢失。

为了缓解这一困境，市政府与交通运输部科学研究院签订了合作框架协议，将打造"都市交通"，提倡绿色出行，解决交通拥堵问题。公用自行车租赁系统，是"都市交通"的一项内容。市交通运输局牵头，进行细则规划，计划投资 500 万购买 6000 辆自行车，建 150 个公共自行车租赁网点。有几家企业看好这个工程，表示要至少购买上万辆自行车，建设 1000 个自行车租赁网点，让租车点像公交站台一样，遍布城市各个角落。市交管局现有的 10 多个自行车便民点，届时也将并入这个系统。① 为便于管理，形成良性循环，便民措施将对自行车借用者给予一定的时间限制，比如借用超过两个小时，借用者要掏一定费用。

（六）新运营模式的启动

2013 年 5 月，学习杭州公共自行车租赁经验，石家庄市采用"政府引导＋民企运营"的模式，由石家庄市公安交通管理局负责引导推广，由河北三川数字信息亭传媒有限公司负责运营并进行系统维护，新的公共自行车运营管理模式正式启动，首批建立了 10 个租车点，投入了 1000 辆自行车。

石家庄的公共自行车租赁系统投入运营后，租车市民通过智能识别系统从租赁网点取出车辆，到达目的地后再将车辆存放在就近网点，停车位均由电脑自动控制。首批 3 个存放点选在了先天下、北国商城、新百广场。据运营方介绍，"选择这三个存放点，主要是想试运行一下，一是看看市民的态度，是否受市民欢迎；二是看看是否适合省会实际，是否适合省会的道路状况和出行需要"。根据规划，2014 年年底之前，石家庄市要完成总投资 2.5 亿元的公共自行车服务系统建设，依托数字信息技术优势和网点管理，建成 1000 个租车服务网点，投放自行车 5 万辆。

公共自行车亭（棚）采取更多的科学化管理措施。在每个管理亭和停车亭上，张贴了很多关于办卡、借车、归还的文字宣传。根据张贴的《石家庄公共自行车冀通卡申领及使用须知（试行）》，市民如想借用公共自行车，须先办理一张石家庄公共自行车冀通卡（以下简称冀通卡）。首次办理冀通卡

---

① 石家庄打造自行车租赁系统，上万自行车供市民使用．长城网，http://heb.hebei.com.cn/system/2012/06/15/011919691.shtml.

时需携带二代身份证或户口本等有效证件的原件，填写《石家庄公共自行车冀通卡申请表》。首次申领冀通卡时，需要一次性存入 320 元，其中 300 元为车辆押金，20 元为备用金。如超出免费时间段，电脑系统将在还车后自动扣除备用金，当备用金金额为零后，电脑系统将自动暂停这张冀通卡的借车功能，待充值后即可恢复借车功能。新款公共自行车实行 90 分钟免费租用，90 分钟以上至 120 分钟（含）收取 1 元租车服务费，120 分钟以上至 180 分钟（含）收取 2 元租车服务费，180 分钟以上每小时收取 3 元租车服务费（不足 1 小时的按 1 小时计算）。还车刷卡时，自动从冀通卡备用金中核算扣取。一次充值最低 20 元，每张冀通卡可多次充值，长期使用，但不得借用和冒用他人的卡。对此，多数市民表示感觉很好，这对人们健康绿色出行有很大的帮助，同时有利于环保理念深入人心。当然，公共自行车的管理也存在逐渐完善的过程，据石家庄公共自行车运营方介绍，从原来的人工化原始管理到自动科学化管理，就是借鉴外地先进经验并听取市民的使用建议后改进和完善的，他们将进一步吸收合理性的建议进行完善。[①]

（七）持续的宏伟目标与惨淡的发展现状

早在 2013 年 12 月，石家庄市城乡规划委员会第十二次会议就审议并原则通过了《石家庄市城市步行和自行车交通系统规划》。该规划提出：保障步行道和自行车道宽度，建立自行车与公共交通系统换乘体系，建设新胜利大街慢行区；到 2020 年，城区步行、自行车出行比例将不低于 55%；研究和借鉴武汉、太原、杭州等城市经验，加大公共自行车推广力度，近期布设 200 个租赁点，投入 1 万辆自行车，远期规划布设 1000 个公共自行车租赁点，投入 4 万辆自行车。然而，这一计划在 3 年多的时间里都未能落地。公共自行车租赁系统仍停留在初建时 10 个租车点、1000 辆车的规模，公共自行车发展缓慢，推广计划几乎陷入停滞不前的窘境。

公共自行车不太"便民"，租车点日益成为被大家"遗忘的角落"。在

---

① 河北石家庄市将实现便民自行车租赁全网点覆盖. 中国新闻网，http://www.chinanews.com/sh/2013/08-09/5145227.shtml.

2016 年 8 月一个晚高峰时段，位于石家庄市南二环的河北师范大学公共自行车租车点，共有 40 个车位，除了 4 个空位，其余 36 个车位上均停放着公共自行车，租车点的智能刷卡系统和自行车上都落满尘土，几辆自行车的车轮里还搅入了塑料袋。而且，在两个多小时里，没有一个人来租车、还车，倒是有几个人把自家的自行车、电动自行车停在了租车点的空位和公共自行车之间的缝隙里。租车者普遍反映租用公共自行车越来越麻烦，主要是还车难，不是租车点车满，就是租车系统断电，反正是不好还车。在石家庄一家杂志社上班的付女士说："这半年来少说也碰上过十来次还不了车的情况了，每次还不了都会急出一身汗，因为上班迟到是要罚钱的，我已经被罚过两次啦。"

在这种背景下，办卡不便的问题也越来越为市民所诟病。据了解，名为冀通卡的租车卡需要市民持二代身份证或户口本等有效证件到指定办理处办理，由于冀通卡不与城市公交卡通用，很多市民表示没听说过冀通卡，至于办卡点，就更不清楚了。一些租车点还贴出了通知：自 2016 年 4 月 18 日起，公共自行车的办卡、退卡地点只保留河北科技大学站和河北工业职业技术学院站，办理时间为每周一、三、五的 8∶30—11∶30，法定节假日休息。办卡、退卡地点的减少和时间的限制，也大大减少了市民对租用公共自行车的热情。

规模小、网点少，租车点离自己居住的社区或工作单位太远，靠公共自行车无法真正实现出发地和目的地的无缝对接，是公共自行车渐成摆设的一个重要原因。石家庄一些路段路况不佳、骑行体验较差，也是市民对公共自行车"不感冒"的一个原因。市民琴女士在新百广场附近工作，她家距单位路程有 3000 多米，按理说选择公共自行车最合适，但她却选择了公交车。琴女士表示，"有的路段非机动车道宽度不到 2 米，有的路段还非常颠簸。特别是电动自行车、电动三轮车等夹杂其中，感觉很不安全"。[①]

规模小、网点少的背后原因是投入和运营管理体制问题。"政府引导 + 民企运营"模式虽能减轻财政投入压力，但民企是否有实力做大公共自行车

---

① 李冬云 . 便民自行车缘何不太"便民"[N]. 河北日报，2016-08-31（05）.

规模却是个问题。公共自行车运行较为成功的太原市采用的是"政府投入＋国企运营"的模式，坚持公益为先，建设、运营、维护费用均由市财政买单，由隶属于国有企业太原公交集团的太原公交公共自行车服务有限公司运营，目前在全国"骑"出了周转率、租用率、建设速度等多个第一。而同样运用这一模式较为成功的杭州市，2015 年公共自行车亭（棚）的广告收入达到了 7000 余万元，加上自行车租金收入，已接近 8000 万元，预计不久就能够实现"不花纳税人一分钱"运营公共自行车的目标。扬州、杭州等不少城市都为公共自行车运营插上了"互联网＋"的翅膀，租赁系统变得越来越"聪明"。"租车族"租车、还车，都可以依托互联网提供的实时数据进行。

另外，公共自行车租用率提高后，故障率也会随之增加，公共自行车的维修保养便会成为一个大问题，这也考验着管理者的精细化管理水平。租车点管理箱、锁桩等的设备维护，自行车如何保洁、是否缺气、如何及时维修，路上出故障如何随时解决等，这些都考验着管理者的智慧。这就需要管理者逐步摸索规律，加强顶层设计，建立起行之有效的管理制度，不断提高精细化管理程度，让公共自行车越"骑"路越宽。①

公共自行车运营要成为独立慢行交通系统，就必须实现通租通还、起步成网。比如可以考虑在公交站、商业中心、医院、学校、大型社区等周边平均每 300 米至 500 米设立一个服务点。政府有关部门应当制定公共自行车交通发展的总体规划，成立公共自行车服务公司，参照现行公交公司的运营体制进行管理，并将其纳入城市公共交通系统。另外，改善路况、保障自行车的路权、完善自行车慢行体系等，也是精细化管理的题中应有之义。

（八）结语：石家庄公共自行车的发展任重道远

对石家庄而言，要推广并发展好公共自行车系统，为这个深受雾霾困扰的城市创造新的希望，关键就在于"建"和"管"。

三分建，七分管。要通过政府职责的充分履行和市场优势的充分发挥，

---

① 李冬云. 便民自行车如何越"骑"路越宽 [N]. 河北日报，2016-09-06（07）.

加大财政投入和支持力度，采用合适的政策工具加强激励和引导，形成"政府＋社会""财政投入＋社会资本"的方式，实现公共自行车这一公共产品的有效供给和高效运营。同时，通过引入现代信息技术，促进"互联网＋"的应用，加强精细管理，控制运营成本，提升服务质量。

事实上，曾经于几十年前遭受严重空气污染的众多欧洲发达城市，在走出阴霾笼罩、恢复碧水蓝天的过程中，自行车的确发挥了巨大作用。今天，在哥本哈根、伦敦、米兰等城市，随处可见禁止机动车通行的路标。自行车不仅仅是时尚的出行方式，而且成为主流的出行方式，这些城市甚至建设了自行车专用快速车道等专门设施。

面对这些，我们该对石家庄市公共自行车发展持怎样的希冀？

不论如何，我们都任重而道远……

二、案例思考题（根据课程及授课章节与内容选择使用）

1. 石家庄市发展公共自行车的背景、原因和目标是什么？

2. 本案例涉及哪些行动主体？他们之间是何种关系？每一类主体在推进公共自行车发展中的角色和作用如何？其行动逻辑如何？

3. 本案例涉及的政策问题是什么？政策的目标群体是谁？涉及哪些利益关系？

4. 石家庄市前后采用了哪些公共自行车发展模式？每一模式分别属于何种政策工具？每一政策工具有哪些优势和局限性？

5. 本案例中的有关政策方案是如何形成的？体现了什么样的政策规划方式？试对该政策规划方式进行评析。

6. 本案例中的政策执行是否有效？政策执行受哪些因素的影响？

7. 当前，石家庄公共自行车为何不便民？其深层次原因是什么？

8. 石家庄公共自行车如何走出发展之困？政府该发挥何种作用？政策功能发挥的边界应如何把握？

三、案例说明书

石家庄公共自行车发展之困：
冲出"十面霾伏"的压力与推广绿色出行的乏力

课前准备

1. 知识准备：教师在使用本案例开展教学活动时，应根据案例适用的课程及授课章节与内容，选择性地使学生学习和掌握与政策功能、政策主体、政策客体、政策环境、政策价值、政策工具、政策制定、政策执行有关的理论知识，保证理论联系实际，避免蜻蜓点水式的就事论事分析。

2. 资料准备：《公共政策分析》教科书或有关教学资料（学生自备）；案例手册（统一印制，人手一份）；复印新闻资料（统一印制，人手一份）。

3. 器材准备：笔记本电脑；投影设备；教学白板；大白纸及笔若干。

适用对象

由于公共政策分析课程是 MPA 的学位核心课程，公共政策分析能力是所有方向 MPA 学生应具备的通用素质，因此该案例适用于各个方向的 MPA 学生。

教学目标

1. 知识理解。通过将所学有关理论知识应用于该案例分析，从而达到对知识的理解、消化和吸收的目的。

2. 学以致用。提高学生运用所学知识发现、分析和解决公共管理问题的能力。

3. 思维训练。结合案例、运用知识，在分析中训练和提升逻辑思维能力，提高学生推理判断的理性和缜密性，使思维方式逐渐条理化、系统化、结构化。

4. 综合提高。通过案例分析，综合提高学生的语言表达、交流沟通、要义提炼等能力。

本案例涉及的公共政策分析课程的知识点主要包括：

（1）公共政策功能论——政府与市场关系，市场失灵的原理及克服，政府政策失败的原理及矫正；

（2）公共政策主体论——政策活动中的多元主体构成，各类主体的性质及行动逻辑，不同主体之间的合作竞争关系及互动模式；

（3）公共政策客体论——政策问题的认定及政策议程的设置，政策目标群体的识别及该群体对政策活动的影响，政策利益关系及公共政策的利益整合机制；

（4）公共政策环境论——影响政策目标设定、政策方案规划、政策落实执行的各类环境要素的识别及其影响公共政策的原理和机制，主要包括自然资源环境、经济环境、社会－人口环境等；

（5）公共政策价值论——价值取向在政策活动中的作用，公共政策的主要价值观，政策价值论辩及其原则；

（6）公共政策工具论——各类政策工具（尤其是与本案例直接相关的直接供给工具、市场工具、混合性工具）各自的特点、优点、缺点、局限性和适用情形；

（7）公共政策制定论——政策方案规划的原则、依据、程序、方法、技术等；

（8）公共政策执行论——政策执行的模式及要素，影响政策执行的主要因素，政策执行偏差及其矫正。

要点分析

1.石家庄市发展公共自行车的背景、原因和目标是什么？

（1）背景和原因：（可结合"公共政策环境"有关知识分析）

①城市机动车数量持续激增，城市交通拥堵状况堪忧；

②燃油价格不断上涨，节能压力巨大；

③空气污染日益严重，通过绿色出行降低尾气排放迫在眉睫；

④市民个人自行车作用的有限性；

⑤其他城市公共自行车发展的示范效应与压力。

（2）目标：（可结合"公共政策目标与价值"有关知识分析）

①公共交通目标——缓解城市交通拥堵；

②资源环境目标——绿色出行代替机动车以节能减排；

③社会服务目标——方便群众出行。

2.本案例涉及哪些行动主体？他们之间是何种关系？每一类主体在推进公共自行车发展中的角色和作用如何？其行动逻辑如何？（可结合"公共政策主体"有关知识分析）

（1）政府部门：主要涉及财政部门（资金投入）、公安交通管理部门（预算单位，业务主管，服务供给主体），是公共服务供给的投入者和相关业务工作的组织实施者，发挥着资助、支持、引导、许可等作用，遵循政府部门行动逻辑来做出决策并承担相应责任。

（2）政府聘用的管理者：主要是交通协管员，是该项业务的一线管理者，是与市民直接接触的一线服务者，对整个早期公共自行车模式的正常运行发挥着关键性作用，遵照雇用者（公安部门）要求开展各项工作，无执法权，工资待遇较低，劳动负荷较大。

（3）企业主体：主要是河北三川数字信息亭传媒有限公司，是后来模式中的公共自行车运营方，由其出资投入并负责各项具体经营管理活动。作为私人企业，以追求利润和盈利为目标。

（4）新闻媒体：持续关注并向公众报道该市公共自行车发展动态，对有关工作的开展发挥着信息传播、舆论宣传、社会监督等作用，同时作为政府有关部门和社会公众之间沟通的桥梁，按照媒体逻辑对该事件进行关注。

3.本案例涉及的政策问题是什么？政策的目标群体是谁？涉及哪些利益关系？（可结合"公共政策客体""政策问题界定与议程设置"有关知识分析）

（1）本案例涉及的核心政策问题是城市公共自行车的推行及运营管理体制，但它并非单一问题，而是政策问题链条中的一环：城市病与城市管理问题——城市节能减排及交通拥堵问题——发展城市绿色交通体系问题——倡导自行车绿色出行问题——公共自行车推行问题——公共自行车投入和运营管理模式问题——公共自行车整体发展水平问题——公共自行车的发展障碍问题，等等。

（2）本案例涉及的政策目标群体是广大城市居民，他们因公共自行车服务的供给而可能改变出行方式，但是否改变，则取决于公共自行车系统发展状况及其个人选择。

（3）利益关系是政策问题和目标群体背后的深层次政策客体。从宏观上来说，本案例涉及节能、环保、缓解交通拥堵等公共利益，几乎与全社会各类主体均存在直接或间接、大或小的利益关系；从微观上来说，则涉及政府、公众、运营商之间的利益关系，例如政府是否为运营商提供事前财政资金支持或事后财政补贴、运营商如何向使用者计费等，均包含了一定的利益博弈关系。

4. 石家庄市前后采用了哪些公共自行车发展模式？每一模式分别属于何种政策工具？每一政策工具有哪些优势和局限性？（可结合"公共政策工具"有关知识分析）

（1）石家庄市 2011 年采用的公共自行车发展模式，是由政府以财政直接投入（30 万元）的方式，购买 1000 辆自行车置于 15 个租赁点，由交通协管员进行管理，免费供市民使用，当属强制性政策工具中的"直接供给"。

所谓"直接供给"政策工具，是由政府机构及其雇员直接提供公共物品或服务，这是一种容易为人们所忽略的基本的和被广泛运用的政策工具。直接提供工具的优点是：其所需信息较少而容易确立；可对大规模机构进行要求，使之易于得到相关的资源、信息与技巧；能够避免间接提供所出现的一些问题，如谈判、讨论和较高的信息要求；使交易内在化，从而减少由间接提供所带来的交易成本。直接提供工具的缺点是：往往以僵化刻板为特征，反应迟缓；对于官僚机构及官员的政治控制容易降低为公众服务的质量；由于缺乏竞争机制，官僚机构没有成本意识而造成经费浪费；政府机构内部或跨机构的冲突影响物品和服务的提供等。

（2）2013 年采用了新的发展模式，即"政府引导＋民企运营"，石家庄市公安交通管理局负责引导推广，河北三川数字信息亭传媒有限公司负责运营并进行系统维护，当属非强制性政策工具中的以"市场工具"为主，辅之以混合性政策工具中的"信息与规劝工具"。

市场工具是基于买卖双方（消费者和厂商）之间的自愿的相互作用——消费者以其手中握有的有限数量的货币想尽可能多地购买商品，而厂商则寻求利润的最大化，往往会带来双方都满意的结果。从理论上看，尽管双方都是自利的经济人，但作为一个总体的社会可以从它们的相互作用中获益，即实现社会福利的最大化；而且为社会上所需要的一切东西都可能通过市场以最低的价格提供。市场工具的优点是：作为一种应用广泛的工具，市场是提供私人物品的最有效益和效率的手段，是资源配置的有效工具；在某些公共物品和服务领域，市场工具也可能是改进效率和效益的一种有效途径。市场工具有其明显的局限性：在大部分公共物品和服务领域中，它并不是一种有效的工具；此外，市场工具也会产生公平方面的问题。

信息与规劝工具是政府不只是发布信息而期待所要求的行为发生，而是试图说服人们去做或不做某事，即力求改变被说服者的偏好和行动，但不通过强制性的奖惩来使行为发生。信息与规劝工具的优点是：它们容易使用且较稳定；它们是政府对处理那些尚未有明确解决方案的问题的一个便利的出发点；而且如果通过这种工具而使问题得到解决的话，就不必再做其他任何事情了；这种工具也是一种民主的手段，与重视自由、个人价值的民主规范相一致。但其局限性是：它是一种虚弱无力的工具，它只希望或要求人们做某事，而没有实际上要人们做某事；如果没有其他工具配合，这种工具的效果往往是有限的。

5. 本案例中的有关政策方案是如何形成的？体现了什么样的政策规划方式？试着对该政策规划方式进行评析。（可结合"公共政策制定"有关知识分析）

（1）作为政策方案，石家庄市先后采用的两种公共自行车发展模式，均主要是由政府部门自身规划的。

（2）在具体细节上，比如限时免费的时间问题，则吸纳了公众意见，体现了开放式规划的特点。

6.本案例中的政策执行是否有效？政策执行受哪些因素的影响？（可结合"公共政策执行"有关知识分析）

（1）前后两个政策方案，均未收到预期成效，政策执行总体是失败的，尤其是自2013年实施新模式以后，数次提出雄心勃勃的发展目标，但后来不仅没有实现，反而出现萎缩颓败之势。

（2）影响政策执行、造成执行偏差的原因，一般主要包括如下方面：

①政策自身的原因——公共政策的合法化程度，公共政策目标的弹性程度，公共政策的良性循环程度；

②执行主体的原因——政治社会化不足，公共政策执行者的政治倾向性，政策执行者的利益倾向性；

③政策执行体制的原因——执行体制的不完善（公正、民主、科学、透明），执行信息的不完备，责任追究制度缺失；

④政策执行过程的原因——官僚主义（形式主义、本位主义、文牍主义），目标群体的影响力，危机事件或事态的发生。

7.当前，石家庄公共自行车为何不便民？其深层次原因是什么？

（1）造成公共自行车不便民问题的直接原因是网点少、规模小，使租车不便，还车不便，出行效率低，骑行体验差。

（2）造成上述问题的根本原因在于投入不足，致使本该以科学系统方式存在和运行的公共自行车未成网成系。

（3）造成投入不足、无法成网成系的深层次原因，则在于城市公共自行车系统的投入和运营机制。公共自行车具有典型的公共产品性质，民营企业运营方式会遇到市场失灵问题。

8.石家庄公共自行车如何走出发展之困？政府该发挥何种作用？政策功能发挥的边界如何把握？

（1）石家庄公共自行车走出发展困境的关键，是选择有效的投入与运营管理机制，通过有效的政策工具、有力的政策执行，方能实现发展目标。其核心问题，在本质上是政府和市场的组合方式选择。

（2）政府不仅应发挥引导推广作用，还应有效矫正市场失灵，通过前期投入或后期补助等方式，履行好公共产品供给责任，政府掌舵，企业划桨。

（3）公共政策作为一种权威性干预力量，其作用边界应是有限的，在总体上符合党的十八届三中全会要求：让市场在资源配置中发挥决定性作用，同时更好地发挥政府作用。

（4）走出发展困境的具体举措，举例如下。

一是整体规划公共交通，包括自行车道、公共交通系统。

二是增加车辆数量。通过政府支持、企业捐助、社会捐赠等方式增加车辆的投放量。完善站点布局，要在全市范围内研究布置公共自行车站点，不能只考虑管理上的方便，而应主要考虑居民出行的需要，考虑步行和公共交通的换乘，使整个公共自行车路线和站点形成一个网络系统，力争每隔800—1000米的距离就有一个站点，覆盖中心城区各种重要节点，包括党政机关、企事业单位、学校、超市、医院、电影院、图书馆、宾馆、旅游景点、小区以及与其他交通出行方式相衔接的换乘点，如火车站、公共汽车站、长途客运站等，使公共自行车真正成为城市公共交通短途出行、换乘的有力工具。

三是完善租车系统。善于利用新技术，解决使用过程中的信息不对称问题。比如，开发 App 或者利用微信公众号，随时公布自行车使用的动态情况，让市民查看各个站点的自行车数量，方便借还。对于有损坏的自行车，也要有专业的维修部门。对公共自行车来说，无论是零件破损，还是借还困难，都会让其"便民"的价值大打折扣。这就需要借助更有效的管理方式，让它们跑得起、跑得好，让公共自行车真正方便城市生活。相关部门在设立公共自行车的同时，就应该针对出现的问题，持续不断地完善配套管理制度，把日常保养、借用管理等落到实处，形成常态化，让管理跟上需要。多注重细节，多进行调查和研究，在人力和物力上给予支持，使公共自行车有人管、管得好，让市民方便用、乐于用。

四是要完善城市慢行系统的建设。对便道进行改造，设置骑行车道，实现公共交通线路的对接，这样才能让公共自行车成为出行"最后一公里"的代步工具。所以，公共自行车的站点设置需要更加科学，必须一头连着公交、地铁，另一头连着办公楼、生活小区等人口密集地区，方便市民。自行车交通要与其他方式协调，充分发挥灵活机动的短途优势，以公共交通为主体、自行车交通为短途衔接，逐步形成"公交+自行车"的出行方式。

五是改变政府包办的管理模式，让更多社会资本参与其中。如果全部由政府部门管理，那么从采购到设点、从维护到折旧，运营成本会变得很高。既然是带有公益性质的公共服务，也可以尝试以政府补贴的方式吸引社会资本，使新的运作模式在保证公益性的同时，也可以长期稳定运行。

课堂安排

本教学案例主题鲜明、脉络清晰、问题显著，但背后所涉及的现实因素众多，相关理论丰富且深刻，为了保证达到最佳的理论联系实际的效果，并在激发学生浓厚兴趣的基础上，引导其发现问题、界定问题、分析问题、解决问题，训练其对知识的运用"能散能收"，课堂案例教学采用循序渐进的"引导提问+分层研讨"的方式，共需4个课时，具体的教学过程如下。

第1—2节课：课堂领读案例，并分层提问及分层讨论。

向每位学生分发案例手册，配套分发与该案例有关的、不同时期的新闻资料，人手一份。要求学生按教师要求的节奏阅读案例（不能一次阅读完），对新闻资料逐份阅读（不能一次阅读完）。

1.阅读案例正文第2部分（公共自行车及其国内外推广应用概况）。

阅读时间：4分钟。

阅后提问：

（1）公共自行车系统的属性是什么？具备哪些核心特征？

（2）推广公共自行车与推广私人自行车存在哪些差异？

（3）公共自行车在国内外推广应用的历史和现状说明哪些问题？

2.阅读案例正文第3部分（公共自行车在石家庄初次亮相）及新闻材料（《千辆自行车供市民无偿使用》，《石家庄日报》,2011年1月20日，第6版）。

阅读时间：4分钟。

石家庄公共自行车发展之困：冲出"十面霾伏"的压力与推广绿色出行的乏力

阅后提问：（可根据问题内容，将每个问题向一个或多个学生提问）

（1）这篇新闻稿主要说的什么事情？

（2）作为一名普通市民（假设你不是政府公务员，也不是MPA学生），如果当时看到这个消息，有何感想？（学生回答后进一步追问）政府做的是好事还是坏事？作为市民，你对此有没有担忧？

（3）本次公共自行车的供给模式是怎样的？投入主体是谁？以什么模式供给的？资金来源是什么？投入后的具体运营方式是什么？

（4）这种模式会产生哪些成效？会遇到哪些难题？

3. 阅读案例正文第4部分（早期运营模式陷入困境）及新闻材料（《石家庄打造自行车租赁系统，上万自行车供市民使用》，长城网，2012年6月15日）。

阅读时间：6分钟。

阅后提问：（可根据问题内容，将每个问题向一个或多个学生提问）

（1）这部分案例主要说的什么事情？

（2）石家庄早期公共自行车的具体管理模式是怎样的？取得的成效如何？

（3）石家庄早期公共自行车运营管理方式的主要问题有哪些？

（4）面对问题，官方提出了怎样的对策和设想？

（5）对策和设想是否可行？

4. 阅读案例正文第5—6部分（雄心勃勃的新规划、新运营模式的启动）及新闻材料（《河北石家庄市将实现便民自行车租赁全网点覆盖》，中国新闻网，2013年8月9日）。

阅读时间：6分钟。

阅后提问：（可根据问题内容，将每个问题向一个或多个学生提问）

（1）这部分案例主要说的什么事情？

（2）石家庄市采用了什么样的公共自行车投入运营管理新模式？

（3）这部分案例中提出的规划目标与此前是否一致？说明什么？

（4）新模式遇到的主要问题和市民反响是什么？

（5）新模式的雄心壮志是否会实现？为什么？

5. 阅读案例正文第 7 部分（持续的宏伟目标与惨淡的发展现状）及新闻材料（《便民自行车缘何不太"便民"》，《河北日报》，2016 年 8 月 31 日，第 5 版）。

阅读时间：6 分钟。

阅后提问：（可根据问题内容，将每个问题向一个或多个学生提问）

（1）这部分案例主要说的什么事情？

（2）新模式的三年发展结果如何？市民反映的问题集中在哪些方面？

（3）这篇新闻中提及的问题是表面问题还是深层次问题？

（4）造成石家庄市公共自行车发展缓慢甚至萎缩的根本原因是什么？

（5）这部分案例中又一次提到石家庄市发展公共自行车的规划目标，是否与此前一致？说明了什么？

6. 阅读新闻材料（《便民自行车如何越"骑"路越宽》，《河北日报》，2016 年 9 月 6 日，第 7 版）。

阅读时间：4 分钟。

阅后提问：（可根据问题内容，将每个问题向一个或多个学生提问）

（1）这篇新闻主要说的什么事情？

（2）造成石家庄市公共自行车发展不畅的深层次原因是什么？与上篇新闻中所揭示的表面原因是什么关系？

（3）其他城市发展公共自行车的成功经验给我们提供了怎样的启示？

（4）其他城市的经验能否在石家庄复制？关键影响因素是什么？

（5）从政府部门和公共政策的角度来看，下一步我们能做什么？应该怎样做？

第 3 节课：围绕案例问题进行分组研讨。

第 4 节课：分组陈述及组间辩论。

课后：各组分头进行案例分析总结，并提交案例分析报告。

其他教学支持

1. 可用调研来支撑案例分析。课外，可组织学生就城市公共自行车发展问题开展问卷调查、现场访谈甚至外出考察，以拓展案例分析的理论深度和实践广度。

2. 可邀请本地（或有关城市）公安交通管理部门负责人、运营公司负责人、基层管理人员来到课堂，就案例进行现场说法。

3. 可采集本市及其他城市公共自行车发展和运行现状的音像材料，以增强案例的生动性和鲜活性。

第二篇

秦皇岛市公共自行车与共享单车模式
融合发展构想：需求性、可能性与挑
战性

一、案例正文

秦皇岛市公共自行车与共享单车模式融合发展构想：

需求性、可能性与挑战性

摘要：构建绿色交通体系对滨海旅游城市秦皇岛而言具有显著意义，推广自行车出行方式是其中的重要一环。前后相继发展起来的公共自行车和共享单车，均具有"公共"和"共享"性质，可视为城市的"准公共产品"，同时也各有其优势与局限性，在供给上既面临需求又遭遇挑战。总体而言，公共自行车与共享单车的利弊均与各自的运营模式有关。那么，如何回应公共自行车与共享单车各自面临的挑战，两种模式是否具有互补关系进而具备融合基础，要克服哪些关键环节与突出障碍以探索形成一条二者融合发展之道，便成为考验城市公共治理的重要议题。

关键词：公共自行车；共享单车；公共治理；秦皇岛市

适用主题：政府职能（政府－市场关系）；公共产品供给；政策工具选择

（一）引言：旅游城市迎来推广绿色出行的压力

秦皇岛是我国久负盛名的旅游胜地。它是河北省的地级市，位于河北省东北部，南临渤海，北依燕山，东接辽宁，西近京津，是中国海滨城市、中国首批沿海开放城市、中国近代旅游业的发祥地，还是首都经济圈的重要功能区、京津冀辐射东北的重要门户和节点城市。秦皇岛现辖4个区（海港区、山海关区、北戴河区、抚宁区）、3个县（昌黎县、卢龙县、青龙满族自治县），设有国家级秦皇岛经济技术开发、北戴河新区，陆域面积7802平方千米，2018年年末全市常住人口313.42万人。[①]

环境是旅游之基。2013年，雾霾开始大面积集中暴发，我国25个省份100多个大中型城市被雾霾所笼罩，"十面霾伏"成为举国之患、全民之忧、

[①] 秦皇岛市人民政府官网，http://www.qhd.gov.cn/front_pcthi_sq.do?wzuuid=9252821915FB539B355B2DFD48654241&id=1.

施政之要。河北是深受雾霾困扰的重灾区，作为海滨城市的秦皇岛也难以"独善其身"。根据秦皇岛市 5 个国控大气自动监测点的数据统计，秦皇岛市 2013—2015 年空气质量达标（优级和良好）天数共 717 天，重污染（重度污染和严重污染）天数共 56 天（参见表2-1）。① 雾霾天气不仅影响了市民的日常生活和身心健康，还对作为秦皇岛市支柱性产业的旅游业带来挑战，对其经济社会发展造成威胁。

表 2-1　2013—2015 年秦皇岛市环境空气质量类别统计

年份	优（天）	良（天）	轻度污染（天）	中度污染（天）	重度污染（天）	严重污染（天）	达标率（%）
2013	22	187	96	34	23	3	57.3
2014	38	201	80	24	21	1	65.5
2015	82	187	74	14	7	1	73.7

在此背景下，多措并举改善空气质量、保护人民群众身体健康、保障旅游业顺利发展，便成为城市治理面临的紧迫任务。为打通城市绿色交通出行的"最后一公里"，公共自行车项目于 2016 年 5 月正式启动。之后，随着技术进步和经营模式创新，共享单车随即出现，并在很大程度上替代了公共自行车的功能，出现了两者并行但以共享单车为主的局面。然而，在使用和管理中，两者各自的局限性日益凸显，引发的公共治理问题亟待破解。于是，促进两种模式融合发展，相互放大对方效能、弥补彼此不足，便成为具有显著理论意义和实践价值的公共治理议题。

（二）公共自行车的兴起：发展中伴随着问题

秦皇岛市自 2013 年深受雾霾影响后，开始采取多项举措降低雾霾对社会公众和城市经济发展的影响。2016 年 5 月，为完善旅游配套设施，方便市民出行，打通城市交通"最后一公里"，秦皇岛公共自行车正式投入使用。作为一项公共物品，其投入和使用由政府主导建设，自行车企业投资运营，属于典型的政府主导运营模式。"秦皇岛全区域公共自行车免费租赁"示范

---

① 单宁宁，陈莹玮.2013—2017 年秦皇岛市环境空气质量变化趋势研究[J].中国环境管理干部学院学报，2018（6）.

系统以秦皇岛核心位置公共交通为中轴线，根据站点周边不同交通时段、交通条件、车流状况等实际条件作出合理的资源配置。第一阶段建成了 21 个试点站点，共 363 个锁车器，其中开通了 7 个站点，使用了 112 个锁车器。7 个站点分别是燕山大学对面、市政府门口（右侧）、河北科技师范学院、燕山大学、金梦海湾管理处、新澳海底世界、动物园。

按照当时整体布局规划，在第一阶段测试完成后，将逐步推进第二和第三阶段建设，激活秦皇岛内以商务区、社区、购物区、学校、公交换乘点等为核心的自行车免费租赁服务，公共自行车租赁服务点全天采用自助服务方式，租车和还车服务时间均为全天 24 小时，实行电视监控，没有固定人员看守。

以秦皇岛市公共自行车项目发展较早的山海关区为例来看。2016 年 3 月，在山海关区政府主导下，山海关区与秦皇岛圣德城市公共自行车管理运营有限公司达成合作城市公共自行车项目。具体模式是，在政府主导下，秦皇岛圣德城市公共自行车管理运营有限公司全资建设并负责运营管理，投资城市公共自行车项目 3000 万元，计划投放公共自行车 3000 辆。同年 6 月，在首批 28 个站点安放公共自行车 1100 辆，实现智能化城市公共自行车租赁系统的全区覆盖。自行车外观由绿、蓝、黄三种颜色组成，分别代表"山""海""关"，所有自行车车身安装定位防盗系统，车胎、车座可承重 300 斤以上。此外，站点车棚可供市民和游客遮风避雨并且具有无线 Wi-Fi 功能，车棚还设置了公益广告宣传栏，让市民和游客在取车、还车的过程中感受到山海关的文明新风尚。

秦皇岛公共自行车租赁系统具有一套明确的计费收费方式。本地市民办理公共自行车租赁卡，持本人身份证（12—16 周岁的持户口簿）提交公共自行车租赁服务申请，费用为 300 元，包括押金 200 元和预充值消费 100 元。单人公共自行车的租赁采取计时收费，即每次租赁 1 小时以内（含 1 小时）免费使用，超过 1 小时后每小时收取 1 元，一天 12 元封顶。市民办卡后，可以开通微信租车，收费标准与用卡租车相同，通过手机 App 进行租车与还车服务。秦皇岛外地市民在办理租赁卡时持本人身份证及暂住证，费用 500

元，包括押金 300 元和预充值消费 200 元。如退卡，须携带本人有效身份证原件和票据到运营公司办公驻地办理，退卡时退还办卡押金和卡内余额。[①]

秦皇岛公共自行车投入运营之后，在取得预期效果的同时也暴露出自身局限性，甚至给社会带来了下面的一些问题。

一是公共自行车站点分布不均，用车还车不方便。由于秦皇岛市公共自行车站点分布有限且不均匀，导致使用不便以及使用率偏低。很多市民认为公共自行车站点分布过于集中，骑公共自行车出行时，停车地点不好找。有市民表示，经常要到市中心办事，但骑公共自行车到后却没有地方停车，还得再把车骑回来，很不方便；有市民认为，公共自行车一共就几个站点，还集中在一个区域，夏天外地游客用着倒是挺方便，对本地市民来说却很不方便。

二是公共自行车办卡地点少，缴费程序烦琐。秦皇岛市公共自行车在运行半年之后，开通的办卡地点只有燕山大学对面一个办卡窗口，时间为周一至周六上午 8：30—12：00、下午 1：30—5：30。有些市民因办卡窗口离居住地较远而不愿前往办理租赁卡。而且办卡时，本地市民需持本人身份证（12—16 周岁的持户口簿），外地市民需持本人身份证及暂住证，退卡时也需携带本人有效身份证原件和票据，办卡、退卡程序的烦琐在一定程度上制约了市民办卡的积极性。

三是公共自行车破损严重，维护不及时。在公共自行车运行的 3 年多时间里，其破损状况严重。以海港区河北大街沿线的 6 个公共自行车租车站点为例，有 45 辆公共自行车因人为破坏而不能使用，这些公共自行车虽仍有八成新，但有的缺少了车座，有的丢失了脚蹬。周围居住的市民表示，这些破损的公共自行车已经在这停放很久，也没有人来修理。公共自行车受损严重，维护不及时，进一步导致可用的公共自行车数量不断减少，更加无法满足市民出行需求。

可见，公共自行车作为一种适应需求而新生的绿色出行方式，实际发展状况并不尽如人意，存在着不少短板，面临着多重挑战。

[①] 秦皇岛公共自行车投入使用，为创建文明城市方便市民. 河北文明网，http：//www. hbjswm.gov.cn/wmcj/wmcc/tsjy/201611/t20161102_3857854.shtml.

（三）共享单车的蓬勃发展：克服公共自行车局限并实现大幅替代

当秦皇岛公共自行车发展陷入低潮时，出现在城市大街小巷的新生事物——共享单车开始受到市民和游客的热捧。共享单车是企业在城市公共场所为公众提供的有偿自行车使用服务，采取按使用时间分阶收取费用的经营模式。2017年3月，共享单车3Vbike在海港区首批投放300辆，分布在奥体中心、乐购、人民广场、玻璃博物馆等人流量较大的地点，骑行范围是东港路、北环路、河北大街范围内。市民和游客下载"秦皇岛3Vbike共享单车"App并进行用户注册，使用单车时扫描车身二维码进行租车，到达目的地后锁车，之后在App内确认还车。收费方式为：支付押金99.99元，第1个小时之内（包含1小时）1.5元，之后每半小时1元，锁车完毕后，押金退回。①随后，酷游、OFO、摩拜、哈啰等多个品牌单车也陆续出现，截至2018年5月，全市范围内投放共享单车总量为6万余辆。使用不同品牌的单车都要下载相应的App，在App内进行租车、还车服务，押金和计费方式也不尽相同。各品牌单车还提供骑行周卡、月卡、年卡等优惠服务，市民和游客可根据自身需要选择购买。同时，都要在规定范围内停车，如超出规定范围，系统会根据情况收取调度费。

总体来看，共享单车具有量多、灵活、快捷等优点，方便了上班族的快节奏生活，受到了广大市民喜爱。不少来秦皇岛旅游的游客也喜欢选择骑共享单车观光，这样省去了停车不便的烦恼。因此，在短短两年时间内，秦皇岛市陆续出现红、黄、蓝、绿、橙等多种颜色共享单车遍地开花的局面。共享单车较之前运行的公共自行车具有一些显著优势。

其一，共享单车租停地点多，用车、还车较方便。共享单车的使用摆脱了停车桩的限制，停车地点较多。采用GPS定位系统对行驶路线和停车地点进行监督，App上便能显示哪个停车点有可以使用的单车，哪个区域可以停车、还车等，用户可24小时通过App找到可使用的单车以及能够停车的地点，只要在规定范围内，随时随处都可停，这样不再拘泥于停车桩的限

---

① "小绿车"亮相秦皇岛，从此进入共享单车时代.河北新闻网，http：//hebei.hebnews.
cn/2017-04/06/content_6411307.htm.

制，也没有使用时间的约束，用户还车时只要在 App 上支付使用费用并锁车即可。

其二，共享单车无须在固定地点办卡，支付、使用程序简单。市民使用共享单车，只需用手机下载该品牌单车的 App 或者用微信关注其公众号并进行信息注册，然后扫码使用，在停车区域规范停车后支付使用费用即可，不再需要拿着身份证去指定地点办理充值卡。这样既方便了广大市民出行，也节省了人力和时间。

其三，共享单车采用"黑科技"，用户体验更舒适。相较于公共自行车，开辟了更广阔市场的共享单车具有更多资本支持和更强劲动力在科技研发上下功夫。OFO 小黄车在投入市场伊始便注重单车的推陈出新，最先采用了高性能材料"跑鞋胎"，不仅耐磨度更高而且触感 Q 弹，转化成的用户体验感是更加舒适轻便。除此之外，一体脚蹬、一体式真空鞍座的采用，也为共享单车区别于传统公共自行车增加了更强的舒适感，而自动变速车型、共享电动车等也为共享单车使用者提供了更丰富的选择。

可见，共享单车作为一种绿色环保的新出行方式，具备很多公共自行车所不具备的优势，因此得到了蓬勃发展。然而，随着共享单车数量的剧增，也出现了一系列问题，遇到了诸多方面的挑战。

（四）共享单车运营：对城市公共治理秩序及自身发展的挑战

共享单车是时代发展的产物，有利于城市交通绿色化、便捷化、共享化发展，成为解决公共交通"最后一公里"的一个有利选择，同时也为秦皇岛旅游业增添了新要素、新亮点、新支撑。但是，由于共享单车由企业主导、按市场运作，它在高速发展的同时也遇到了一些挑战性难题。

共享单车乱停乱放，造成道路阻塞，扰乱交通秩序。由于城市非机动车停车空间的有限性，共享单车在短时间内大规模进驻城市，加之用户的不规范停车现象严重，造成城市交通道路阻塞，特定公共空间被挤占。数量充足、停车便捷是共享单车对用户的主要吸引力之一，但由于其停车范围仅是企业根据行人密集度和交通情况进行的粗略划分，没有受到政府的统筹规划、政策干预和经营管制，也未充分征询公众意见以及采纳更精准的大数据支持，致使行人可根据个人行程"随意"停车，进而产生停车点单车数量远远超过停车点自身承载能力的问题，甚至出现共享单车占据人行道和机动车道路的现象。这些情况扰乱了城市交通秩序，影响了本地市民日常生活，不利于打造整洁有序的城市环境，还影响了秦皇岛旅游城市的形象。

共享单车投入量大、折损率高，造成资源浪费。随着共享单车的兴起，酷游、OFO、摩拜、哈啰等多个品牌的单车相继出现在秦皇岛街头，各单车公司争先恐后地占据市场，大规模地投入共享单车，同时政府部门也未对城市单车数量予以管控，导致在短短两年时间里，共享单车由广受市民喜爱的绿色出行方式沦落为城市的一大"困扰"。有些人故意损坏车锁，涂抹二维码，把单车据为己有；更有甚者故意破坏共享单车，拆卸掉车座、脚蹬、车轮等零部件，给他人用车造成困难，造成公共资源浪费。大量损坏的共享单车堆放在街头，成为城市中的"共享垃圾"，曾经是城市"亮点"的共享单车，却成为这座旅游城市的"污点"。

共享单车公司运营出现问题，低价竞争导致的市场扭曲和高运营成本导致资金困难。共享单车属于企业主导运营模式，与政府主导的公共自行车运营模式不同，它的首要目标是盈利，只有通过企业盈利才能实现可持续发展。因此共享单车企业之间存在激烈的市场竞争，它们为了争夺市场份额，采用各种手段吸引消费者，例如骑车免单、降价优惠等，这些手段在短期内吸引了消费者，但越来越激烈的低价策略逐渐演变为一种恶性竞争模式，不利于共享单车企业的良性发展。因定位不精准而导致的单车丢失等问题，也增加了经营成本。由于缺乏行业规范，有的单车企业在竞争中处于劣势，盈利困难，不乏走向倒闭者，甚至有的企业连用户的押金都无力退还。例如，2017年6月21日秦皇岛市的3Vbike共享单车公司宣布停止运营，通知没有退押金的用户尽快申请退款。第一时间看到通知消息的用户及时退了押金，而后期申请退款的用户则由于公司倒闭没有收到退还的押金。

如何化解公共秩序挑战、破解现实发展难题，不仅考验着共享单车行业，更检验着城市治理水平，迫切需要政府作出有效的政策回应。

（五）公共自行车与共享单车模式融合发展：可能性的探索

秦皇岛是一个有山、有海、有河、有湿地、有长城的多元生态旅游城市，优越的地理区位和良好的生态环境是这个城市得天独厚的旅游资源，保护秦皇岛的生态环境是其发展旅游业的基础。共享单车作为绿色低碳环保的出行方式具有多重不可替代的重要功能，但乱停乱放等问题也限制了自身发展，甚至给城市公共治理带来麻烦。鉴于共享单车与公共自行车各自的特点，当深受共享单车失控失序等问题困扰时，很多人不禁想到之前使用过的有桩停放的公共自行车——如果让公共自行车与共享单车两种运营模式融合发展，相互衔接，发挥各自所长，规避各自所短，能否起到1+1>2的效果呢？

可以说，城市公共自行车与共享单车都属于互联网租赁自行车，两类单车之间在根本上不是竞争关系，而是互补关系。实际上，秦皇岛市已迈出了探索的步伐。针对互联网租赁自行车存在的问题，结合城市自身实际情况，2018年5月7日秦皇岛市制定了《秦皇岛市互联网租赁自行车管理办法（试行）》，规定了从政府、企业、用户三方面来共同解决互联网租赁自行车出现的问题，明确各相关部门的监管责任，对互联网租赁自行车企业和用户进行监督约束。[①]

例如，使用电子围栏，规范用车秩序。电子围栏技术是指用户只有将单车归还在专用停车位内才能完成结束计费，而实现这一功能，并非依靠传统公共自行车笨重的停车桩，只需要一块美观精致的专用停车牌和一圈简洁利落的停车线即可。[②]2018年5月以来，秦皇岛在公交站点、商业街、各大高校等人流量大的地区增加了共享单车电子围栏，所有品牌的共享单车均可使用。如果用户将共享单车停在电子围栏之外，锁车后会被扣除一定的费用和信用值，但若用户在规定时间之内将共享单车放回专门停车点，即可被归还扣除的费用。电子围栏的增加大大减少了共享单车乱停乱放现象。

[①]《秦皇岛市互联网租赁自行车管理办法（试行）》政策解读.秦皇岛市人民政府官网，http://www.qhd.gov.cn/front_pcthi.do?uuid=E49D96979351185E947D8E9DF077A8B5.

[②] 划片投放、电子围栏让秦皇岛的共享单车多而不乱.河北新闻网，https://hebei.hebnews.cn/2018-05-11/content_6878059.htm.

　　再如，划分区域、定点投放，实现城市单车精细化管理。公共自行车与共享单车在区域上可以相互补充和衔接：人口密集、人流量大的地方可以发展共享单车；人流量少、活动轨道单一的区域可以发展公共自行车。截止到2018年5月，秦皇岛市共有哈啰、OFO、摩拜、酷游、游游、我爱单车等6家互联网租赁自行车企业。与其他城市混合投放不同，这6家共享单车企业的投放是有严格区域划分的，其中哈啰单车的投放区域为海港区和开发区，OFO共享单车的为开发区的学校区域，摩拜单车的为海港区，酷游单车的为北戴河区，游游单车的为南戴河旅游度假区，我爱单车的为山海关区。

　　此外，由于旅游业是秦皇岛的支柱性产业，为缓解旅游旺季的交通压力，2017年7月，全国第一家专注景区骑行的共享单车品牌——酷游单车正式落地秦皇岛北戴河（参见图2-1）。

图 2-1　秦皇岛北戴河酷游单车

　　酷游科技公司在北戴河全区域设置了100个专用停车位，遍布北戴河各大景点、酒店和商业街，游客不管骑到哪里都可以很方便地找到专用停车位。同时，酷游单车采用电子围栏技术，主要景点和人流量大的停车位上安排了超过30名运营维护人员，一方面引导游客正确使用App操作，及时解决游客的各种问题；另一方面辅助规范停车，保障停车井然有序。酷游单车不仅解决了游客的"最后一公里"问题，还降低了环境污染，更提高了游客在北戴河的游玩体验，下载单车 App 即可实现轻松租车，App 内还设置了多条景区骑行线路导航和景区游玩攻略，为游客提供全方位的旅游服务。[①] 显然，酷游单车的运营模式已经有了公共自行车和共享单车的双重身影。

（六）公共自行车与共享单车模式融合发展：面临的若干挑战

秦皇岛市经济发展、社会需求、环境改善等多方面因素共同呼唤健全绿色交通体系。上述分析表明，公共自行车与共享单车模式融合发展具有强烈的现实需求基础，但要在实践中实现并非一件简单的事情，而是面临着诸多挑战。

首先，公共自行车与共享单车模式融合发展的制度环境不完善。一是相应的法律法规不健全。对于秦皇岛市而言，公共自行车与共享单车融合发展具有强烈的现实需求，但政府相关部门目前并没有出台促进二者融合发展的政策文件，对参与主体没有明确的准入规定，对各参与主体的行为也没有明确规范。二是监管制度不健全。公共自行车与共享单车融合发展需要全方位、强有力的监管，不仅要有法律条文的约束，还要充分发挥第三部门、社会舆论的监督导向作用，需建立多方参与、全面监管的网络体系。三是社会信用体系不健全。针对公共自行车与共享单车发展中已经暴露出来的社会信用问题，政府部门推进社会信用体系的建设进程刻不容缓，公共自行车与共享单车融合发展的社会信用体系建设应加快推进并不断完善。

其次，公共自行车与共享单车模式融合发展的运营机制不流畅。一方面，政府治理难度大。在公共自行车与共享单车模式融合发展中，政府既要把自身失灵和市场失灵风险降到最低，还要进行全局统筹，合理规划公共空间，控制单车数量，为群众提供便利等，其中如有一个环节出现漏洞，都会影响群众满意度。另一方面，单车企业管理水平不高。有的获得准入市场资

---

① 重磅！全国第一家专注景区骑行共享单车落地北戴河.秦皇岛旅游文化发布微信公众号，
https://mp.weixin.qq.com/s/QoAHrdgyd6Y_tXZtCFjlZw.

格的单车企业为提高盈利而不遵守市场竞争规则，扰乱单车市场秩序；还有的单车企业违背经营道德，坑骗消费者；部分单车企业存在公司内部管理混乱、提供的单车服务质量不高等现象。

最后，公共自行车与共享单车模式融合发展的科技支撑不充分。一是公共自行车与共享单车智能化程度不够。公共自行车与共享单车是现代技术发展所产生的新兴事物，需要现代智能化手段来支撑发展，但目前二者的智能化手段还存在欠缺。例如，无论是公共自行车还是共享单车，都存在车辆丢失无法找到的情况，这说明使用的 GPS 卫星定位系统还不够精确；还有单车车锁传感器不敏锐导致车辆无法开锁等情况。二是大数据配套设施不完善。目前，公共自行车与共享单车的大数据平台还不健全，二者无法实现地区互补、投放数量均衡，大数据共享、科学分析等相应的配套服务功能有待进一步开发。三是单车 App 存在漏洞。有的单车 App 使用不稳定，出现闪退现象；有的 App 存在安全漏洞，泄露用户的个人信息；有的 App 因为系统故障而乱扣消费者金额。这些都是公共自行车与共享单车融合发展需要解决的技术层面问题。

（七）结语：如何在两种模式融合发展中实现扬长避短

对于秦皇岛市而言，要推广并发展好公共自行车与共享单车融合模式，为这个以旅游业为主要经济支柱、环境质量要求较高的城市创造新的发展契机，关键就在于政府牵头、模式互补、优势借鉴。

公共自行车与共享单车模式的融合发展，有望克服以政府为主导的公共自行车模式和以企业为主导的共享单车模式各自单独发展的弊端，实现两种运营模式互相补充、互鉴优势，从而填补秦皇岛市绿色交通体系的缝隙。政府部门应明确自身定位和充分履行职责，引导促进公共自行车与共享单车模式的融合发展，制定并完善保障公共自行车与共享单车融合发展的法律法规，对公共自行车与共享单车融合发展实行宏观调控，监管单车企业的运营情况，维护消费者合法权益，调动社会多主体参与，提高社会公众对"融合式"单车的满意度。

显然，要实现公共自行车与共享单车模式的融合发展，必须破解诸多理论和实践问题：政府治理的难度在于既要管又不能管太多，既要避免市场失灵又要让市场在资源配置中发挥决定性作用，那么，政府如何有效地发挥矫正作用，实现让市场在资源配置中发挥决定性作用，更好发挥政府作用？再如，公共自行车和共享单车使用情况可纳入社会信用体系的一部分并作为一个征信指标，那么，如何利用大数据将其纳入信用体系中，如何将信用记录用于市场经营乃至社会治理决策？

这些问题，都需我们持续地探索和努力……

二、案例思考题（根据课程及授课章节与内容选择使用）

1.秦皇岛市公共自行车与共享单车模式融合发展的现实背景、主要原因和总体目标是什么？

2.秦皇岛市采用了哪种公共自行车发展模式？这一模式属于何种政策工具？这一政策工具有哪些优势和局限性？

3.秦皇岛市共享单车属于哪种运营模式？这一模式属于何种政策工具？这一政策工具有哪些优势和局限性？

4.当前，秦皇岛市公共自行车与共享单车各自发展为何出现问题？其深层次原因是什么？

5.秦皇岛市该如何应对公共自行车与共享单车融合发展面临的挑战？其中，政府该发挥何种作用？应如何把握政府职能的边界？

三、案例说明书

秦皇岛市公共自行车与共享单车模式融合发展构想：
需求性、可能性与挑战性

课前准备

1.知识准备：教师在使用本案例开展教学活动时，应根据案例适用的课程及授课章节与内容，选择性地使学生学习和掌握与政府职能（尤其是政府与市场关系）、公共产品供给、政策工具选择等有关的理论知识，实现理论密切联系实际，避免蜻蜓点水式的就事论事分析。

2.资料准备：《公共管理学》《公共政策分析》教科书及有关教学资料（学生自备）；案例手册（统一印制，人手一份）；复印有关的新闻资料（统一印制，人手一份）。

3.器材准备：多媒体设备；笔记本电脑；教学白板；大白纸及笔若干。

适用对象

由于公共管理学、公共政策分析课程是 MPA 的学位核心课程，公共管理与公共政策分析能力是各方向 MPA 研究生均应具备的通用素质，因此该案例适用于所有方向的 MPA 学生。

教学目标

1.知识理解。通过将有关理论知识应用于该案例分析，从而达到对所学知识的理解、消化和吸收的目的。

2.学以致用。提高学生运用所学知识发现、分析和解决公共管理与公共政策问题的实践能力。

3.思维训练。结合案例、运用知识，在分析中训练和提升逻辑思维能力，提高学生推理判断的合理性和缜密性，使其思维方式逐渐条理化、系统化、结构化。

4.综合提高。通过案例分析，综合提升学生的语言表达、交流沟通、要义提炼等能力。

本案例涉及的公共管理、公共政策分析课程的知识点主要包括：

（1）政府职能——政府和市场的关系及其所决定的市场经济条件下的政府职能定位；市场失灵、政府失灵的表现及其成因；当前我国政府和市场关系（发挥市场在资源配置中的决定性作用，同时更好发挥政府作用）的理论与实践。

（2）公共产品——公共产品（尤其是准公共产品）的性质、特征及供给方式的类型；不同的公共产品供给模式及其比较；政府在公共产品供给中的职责及供给机制选择。

（3）政策工具——各类政策工具（尤其是与本案例直接相关的直接供给工具、市场工具、混合性工具）各自的特点、优点、缺点、局限性和适用情形，政策工具选择的影响因素；政策工具选择的具体策略。

要点分析

1. 秦皇岛公共自行车与共享单车模式融合发展的现实背景、主要原因和总体目标是什么？

（1）现实背景：城市机动车数量持续激增，城市交通拥堵状况堪忧；空气污染严重，通过绿色出行降低尾气排放迫在眉睫；市民个人自行车作用的有限性；等等。

（2）主要原因：公共自行车投放使用模式的特点及其带来的现实问题；共享单车运营模式的特点及其带来的现实问题；两种模式单独发展所无法回避的诸多困境。

（3）总体目标：公共交通目标——缓解城市交通拥堵；资源环境目标——绿色出行代替机动车以实现节能减排；社会服务目标——方便群众出行；社会经济目标——促进城市旅游产业发展。

总体而言，环境是人们赖以生存的基础，对秦皇岛这个旅游城市而言，更是经济的保障。日益严重的环境问题迫切需要政府通过对公共生活的干预加以妥善有效解决。公共自行车项目便以一种准公共产品的面目赫然出现在大众视野中。2016 年 5 月，为打通城市绿色交通出行的"最后一公里"，秦皇岛公共自行车项目正式启动。然而，与所有政府主导的公共产品供给遇到的问题相似，公共自行车在实际使用中，寻租问题严重且效率低下。这样，随着技术进步和经营模式创新，以企业模式为主导的共享单车成为另一种替代选择，并形成二者并行但以后者为主的局面。然而，无论是政府主导的公共自行车模式还是企业提供的共享单车模式，对于原有社会问题的解决都未能做到尽善尽美的地步，且引发了更多的公共治理问题。因此，克服两种模式原有的局限性，相互放大对方效能，弥补彼此不足，促进二者融合发展便成为重要议题和目标。

2. 秦皇岛市采用了哪种公共自行车发展模式？这一模式属于何种政策工具？这一政策工具有哪些优势和局限性？

（1）秦皇岛市公共自行车发展模式属于"强制性政策工具"中的"公共企业工具"。

（2）公共企业工具可以被视为政府规制的一种特定形式。

作为政策工具，公共企业的优点包括：当私人企业不能提供社会所需的足够的某些物品与服务时，公共企业就能满足社会公众的需要；建立公共企业所需的信息成本比使用自愿性工具和规制要低得多；从管理角度而言，如果规制已经广泛使用，公共企业可能会简化管理；公共企业创造的利润可以充实公共基金，并用来支付公共支出。

同时，公共企业作为政策工具，有其不足之处：政府往往难以控制公共企业，原因是公共企业的管理者可以采取很多规避手段；即使公共企业长期经营不善也不会导致破产倒闭，所以其往往满足于低效运行；公共企业的垄断经营使他们常常将低效率的成本转嫁给消费者。①

（3）在本案例中，秦皇岛市采用的公共自行车发展模式是由政府主导建设、公共自行车企业投资运营，属于典型的"政府主导＋企业运营"模式。以山海关区为例，2016 年 3 月，在区政府主导下，山海关区与秦皇岛圣德城市公共自行车管理运营有限公司达成合作城市公共自行车项目。具体模式是，在政府主导下，秦皇岛圣德城市公共自行车管理运营有限公司全资建设并负责运营管理，投资城市公共自行车项目 3000 万元，计划投放公共自行车 3000 辆，同时，政府对圣德城市公共自行车管理运营有限公司实施全面监管。

一方面，"政府主导＋企业运营"的公共自行车模式投入运营后，在一

---

① 严强. 公共政策学 [M]. 北京：社会科学文献出版社，2008.

定程度上满足了市民与游客的便利出行需求。秦皇岛圣德城市公共自行车管理运营有限公司依托政府提供的城市交通信息和大数据分析等，能够降低公司信息成本，减少运营支出，有利于公司对具有公共性质的各项事务进行管理。同时，公司的一部分盈利也能够充实公共基金，补充公共服务供给。

另一方面，秦皇岛市公共自行车项目在当地政府的主导下运行，政府难以对秦皇岛圣德城市公共自行车管理运营有限公司实施全面的监管。在公共自行车在投入运营一段时间之后，出现了公共自行车站点分布不均、用车还车不便，办卡地点少、缴费程序烦琐，车辆破损严重、维护不及时等问题。秦皇岛圣德城市公共自行车管理运营有限公司处于垄断地位，却低效率运行，并在一定程度上把低效率运行成本转嫁给消费者。

3. 秦皇岛市共享单车属于哪种运营模式？这一模式属于何种政策工具？这一政策工具有哪些优势和局限性？

（1）秦皇岛市共享单车发展模式属于"非强制性政策工具"中的"市场工具"。

（2）市场工具是基于买卖双方（消费者和厂商）之间自愿的相互作用——消费者用其手中握有的有限数量的货币想尽可能多地购买商品，而厂商则寻求利润的最大化——往往会带来双方都满意的结果。从理论上看，尽管双方都是自利的经济人，但作为一个总体的社会可以从它们的相互作用中获益，即实现社会福利的最大化。

市场工具的优点是，作为一种应用广泛的工具，市场是提供私人物品最有效益和效率的手段，是资源配置的有效工具；在某些公共物品和服务领域，市场工具也可能是改进效率和效益的一种有效途径。

同时，市场工具有明显的局限性，即在大部分的公共物品和服务领域中，它并不是一种有效的工具；此外，市场工具也会产生严重的公平方面的问题。①

在本案例中，秦皇岛市共享单车的运营模式是以单车企业为主导、各个

---

① 严强. 公共政策学 [M]. 北京：社会科学文献出版社，2008.

单车企业投资运营并负责管理，属于"企业主导管理"模式。例如，哈啰出行单车所属企业为上海钧正网络科技有限公司；摩拜单车所属企业为北京摩拜科技有限公司。

以各企业为主导的共享单车运营模式投入市场后，其凭借共享单车租停地点多、用车还车较方便，单车数量多、支付使用程序简单，用户体验感舒适等优势受到了广大市民的喜爱。同时，各共享单车企业为广大使用者提供有偿服务，为其出行提供便利过程中赚取利润收入。秦皇岛市共享单车较之前运行的公共自行车相比，满足了市民及游客的更多出行需求，促进了单车资源的有效配置，提高了公共服务水平。与之前以政府为主导的公共自行车模式相比较，共享单车作为典型的企业主导运营模式，具有政府在公共领域中不能比拟的市场性优势。作为消费者的公民与单车提供者的生产商之间，因为市场作用实现的双向互动产生了令双方都满意的结果。由于市场这种非强制性政策工具的助力，共享单车拥有了一些显著的优势。

但是，随着共享单车的发展，大规模共享单车投放到城市中，其对城市的交通秩序造成影响，并且大量损坏的共享单车堆放在街边，不利于打造旅游城市的形象。同时，各共享单车公司为了占据市场，实现最大化盈利，采取的低价竞争策略逐渐演变为一种恶性竞争模式，不利于引导共享单车企业的良性发展。当几家共享单车品牌在公共单车领域取得垄断地位时，消费者对质量的追求不再成为企业的激励来源，单车领域的发展变得停滞不前；消费者与企业之间不必承担对彼此的责任，因此对单车的使用产生过度消费的问题；单车的运营使用超出了市场范围，产生了难以解决的负外部性……

4. 当前，秦皇岛市公共自行车与共享单车各自发展为何出现问题？其深层次原因是什么？

秦皇岛市公共自行车在运营中出现问题的直接原因是其站点数量少且分布不均、用车还车不方便；办卡地点少、缴费程序烦琐；破损严重、维护不及时，市民骑行体验较差；等等。

造成这些问题的根本原因在于投入不足，致使本该以科学系统的方式存在和运行的公共自行车未成网成系。进一步分析，造成投入不足、无法成网成系的深层次原因，则在于城市公共自行车系统的投入和运营模式，即公共自行车具有典型的公共产品性质，政府主导的运营方式会遇到公共产品供给中的政府失灵问题。公共产品市场是完全垄断性市场，由于缺乏竞争导致低效率，常常使政府的干预、调控行为滞后，使公共产品的供给不能满足广大群众的需求，最终导致公共政策效率低下或无效，造成政府失灵问题。秦皇岛市公共自行车运营模式属于典型的"政府主导＋企业运营"模式，由于对公共自行车市场投入形成垄断，导致在运营过程中出现问题，并且在无法满足广大市民便利出行的需求之后，公司处于低效率运行状态。

秦皇岛市共享单车在运营中出现问题的直接原因是乱停乱放、造成道路堵塞、扰乱交通秩序；投入量大、折损率高、造成资源浪费；公司运营出现问题、盈利困难；等等。

造成这些问题的根本原因在于单车公司管理存在漏洞，致使本该方便大众、服务大众的出行方式反而给社会和公众带来一系列问题。进一步分析，共享单车给社会和公众带来一系列问题的深层次原因，则在于共享单车企业的目标追求和运营模式，即共享单车企业最终的目标是盈利，在市场中存在激烈的竞争，企业主导的运营模式会遇到市场失灵问题。市场竞争是市场经济中同类经济行为主体为自身利益考虑、排斥同类经济行为主体相同行为的表现。企业通过市场竞争来实现优胜劣汰，进而实现生产要素的优化配置。但是，实力较强且具有生产优势的企业能够通过市场竞争占据市场份额，甚至对实力较弱的企业进行兼并，从而获得市场垄断，使市场的价格机制、竞争机制等不能发挥应有的调节作用，导致市场处于失控或半失控状态，造成市场失灵问题。秦皇岛市各共享单车公司为了争夺市场份额，通过价格手段展开激烈竞争，实力较弱的共享单车公司抵抗不住市场的冲击，逐渐走向倒闭甚至无力退还用户押金；而实力较强的共享单车公司能够通过竞争来占据市场份额，甚至对实力较弱的公司进行兼并，进而出现一家独大的状况，使市场机制无法正常发挥作用，对公共秩序和社会稳定造成挑战。

5.秦皇岛市该如何应对公共自行车与共享单车融合发展面临的挑战？其中，政府该发挥何种作用？应如何把握政府职能的边界？

（1）秦皇岛市面对公共自行车与共享单车融合发展的挑战，关键是选择有效的投入与运营管理模式，并通过科学的政策工具选择和有力的政策执行，方能实现预期的发展目标。其核心问题，在本质上是政府和市场的组合方式选择。政府与市场作为现代市场经济中两个不可或缺的要素，在促进经济增长和社会进步方面各自发挥着不同作用，处理好政府与市场的关系，使市场在资源配置中起决定性作用以及更好地发挥政府作用。秦皇岛市公共自行车与共享单车都属于互联网租赁自行车，两类单车之间在根本上不是竞争关系，而是互补关系。让"政府主导＋企业运营"的公共自行车运营模式与"企业主导"的共享单车运营模式融合发展，两种运营模式相互衔接，发挥各自所长，规避各自所短，从而更好地满足广大市民便利、低碳、环保的出行需求。

（2）政府不仅应发挥引导推动作用，还应充分激发单车企业的积极性，有效矫正政府失灵和市场失灵，通过宏观调控、全面监管等方式，履行好公共产品供给责任，努力实现"政府掌舵、企业划桨"。有效矫正政府失灵和市场失灵，处理好政府与市场的关系，关键在于政府，政府要更好地发挥作用，而不是更多地发挥作用。政府要在保证市场发挥决定性作用的前提下，管好那些市场管不了或管不好的事情，同时防止政府在履行职责时出现工作越位、错位、缺位等问题。政府要加快转变职能，营造良好的发展环境，激发共享单车企业积极性，规范共享单车企业的经营行为，促进秦皇岛市公共自行车与共享单车融合发展，提高公共产品供给水平。

（3）公共政策作为一种权威性干预力量，其作用边界应是有限的，在总体方向上要充分发挥市场在资源配置中的决定性作用，更好发挥政府作用；全面贯彻新发展理念，坚持以供给侧结构性改革为主线，加快建设现代化经济体系。政府在宏观调控管理中，要制定标准线，守好底线。明确管理、服务和引导调控的边界，找准与市场相互协调配合的关键点，把该放的放到位，该管的管理好，促进"放管服"改革落地生效，营造良好的市场环境。推动秦皇岛市公共自行车与共享单车融合发展，政府应把重心放到"管理、统筹和调控"上，对于市场不能解决的问题，政府要及时、主动补位，协调配置资源，充分释放市场主体的活力和动力。

（4）公共自行车与共享单车模式的融合发展问题也是政府模式与企业模式组合方式的选择问题。政府模式作为解决公共问题、提供公共产品的一种途径。其优势在于权威的广泛性以及强制力运用的合法性。其劣势也很明显，主要是行政效率低下以及"搭便车"情况的存在。市场作为在公共产品供给上政府的一种替代性选择，无疑比政府本身更加适合并满足大众的期待。市场模式除去垄断、信息不对称以及外部性问题等，其优势也非常突出：市场通过分工和专业化生产极大地提高了投入产出效率；市场通过提供充分的激励促进企业发展；市场通过对社会成员的需求进行评估保证了资源得到合理有效的配置。让市场和政府取长补短，发挥各自优势，形成"政府掌舵，企业划桨"的融合发展模式，既是公共治理的未来发展方向，也是经济全球化和信息化的大势所趋。但二者在实际的融合中，也面临一些操作上的挑战。

（5）秦皇岛市要促进公共自行车与共享单车模式融合发展，可采取多种具体举措，包括但不限于：

第一，完善公共自行车与共享单车模式融合发展的制度环境。一是健全相应的法律法规，秦皇岛市政府相关部门要根据公共自行车与共享单车融合发展的现实情况，出台促进性政策文件，对参与主体进行明确的准入规定，对政府、企业、公民、第三部门的行为进行明确规范，对违反规定的行为进行惩罚；二是健全监管制度，充分发挥第三部门、社会舆论的监督导向作用，建立多方参与、全面监管的网络体系；三是健全公共自行车与共享单车融合发展的社会信用体系，把故意损坏车辆、偷盗自行车、乱停自行车等不良行为纳入社会信用体系中，对不良行为进行记录，累积到一定程度时采取联合惩戒措施。

第二，畅通公共自行车与共享单车模式融合发展的运营机制。一是加强政府治理力度。政府部门要明确自身职能和定位，进行全局统筹，合理规划公共空间，控制单车数量，为群众提供便利。二是提高单车企业管理水平。获得准入市场资格的单车企业要遵守市场竞争规则和经营道德，维护单车市场秩序，严格管理企业运营，提高单车服务质量。三是创新公共自行车与共享单车融合发展模式。可采用公私合作的 PPP 模式，发挥政府与市场合作优势，克服市场失灵和政府失灵。政府进行公共交通整体规划，包括自行车道、公共交通系统，规划公共自行车与共享单车运营空间和数量分配，使二者实现互补；企业提供单车车辆，对车辆进行维护，同时维持运营；公众在使用车辆出行的同时，对政府和单车企业进行监督。由此，形成全面参与、共同发展的和谐局面，实现共建、共治、共享。

第三，提高公共自行车与共享单车模式融合发展的科技支撑。一是提高车辆智能化水平。市政府相关部门可牵头联合包括共享单车企业在内的各类创新主体共同研发新一代智能化单车，整合科技资源，为研发智能化共享单车提供技术支撑。提高自行车 GPS 卫星定位系统的精确度，提高单车车锁传感器的敏锐度，以及提高车辆使用的舒适度等。二是完善大数据配套设施。政府要对公共自行车与共享单车融合发展做好引导调控，调节单车供给与市民需求数量、公共自行车与共享单车分配区域等之间的平衡关系，完善公共自行车与共享单车融合发展大数据配套设施。健全公共自行车与共享单车的大数据平台，对二者投放的地区、数量进行均衡调配，完善大数据后台的配套服务设施，实现地区信息共享。三是弥补单车 App 漏洞。政府与共享单车企业要响应广大市民的服务需求，不断加强和提高政府公共服务水平，使公共自行车与共享单车融合发展更加便利化、人性化。在政府的监管下，单车企业要对单车 App 及时进行升级和维护，加强对用户个人信息的保护，减少因系统故障带给用户的不便。

课堂安排

本教学案例主题鲜明、脉络清晰、问题显著，但背后所涉及的现实因素众多，相关理论丰富且深刻，为了保证达到最佳的理论联系实际的效果，并在激发学生浓厚兴趣的基础上，引导其发现问题、界定问题、分析问题、解决问题，训练其对知识的运用"能散能收"，课堂案例教学采用循序渐进的"引导提问＋分层研讨"的方式，共需 4 个课时，具体教学过程如下。

第1—2节课：课堂领读案例，并分层提问及分层讨论。

向每位学生发放案例手册，配套分发与该案例有关、不同时间、不同内容的新闻资料，人手一份。要求学生按教师要求的节奏阅读案例正文（不能一次性通读完所有资料），对相关新闻资料也应逐份阅读（不能一次性全部阅读完）。

1. 阅读案例正文第1部分（引言：旅游城市迎来推广绿色出行的压力）、第2部分（公共自行车的兴起：发展中伴随着问题）及相关新闻材料（《秦皇岛公共自行车投入使用，为创建文明城市方便市民》，河北文明网，2016年11月1日）。

阅读时间：8分钟。

阅后提问：（可根据问题内容，将每个问题向一个或多个学生提问）

（1）这篇新闻主要说的是什么事情？

（2）作为一名普通市民（假设你不是政府公务员，也不是MPA学生），如果当时看到这个消息，有何感想？（学生回答后进一步追问）政府做的是好事还是坏事？作为市民，你对此有没有担忧？

（3）本次公共自行车的供给模式是怎样的？投入主体是谁？以什么模式供给的？资金来源是什么？投入后的具体运营方式是什么？

（4）这种模式会产生哪些成效？会遇到哪些难题？

（5）秦皇岛市公共自行车运行过程中存在哪些优势和局限性？说明了什么问题？

2. 阅读案例正文第3部分（共享单车的蓬勃发展：克服公共自行车局限并实现大幅替代）及相关新闻材料（《"小绿车"亮相秦皇岛，从此进入共享单车时代》，河北新闻网，2017年4月6日）。

阅读时间：5分钟。

阅后提问：（可根据问题内容，将每个问题向一个或多个学生提问）

（1）这篇新闻主要说的是什么事情？

（2）本次共享单车的供给模式是怎样的？投入主体是谁？以什么模式供给的？资金来源是什么？投入后的具体运营方式是什么？

（3）这种模式会产生哪些成效？

（4）秦皇岛市共享单车的出现产生了哪些积极影响？克服了公共自行车的哪些问题？

3. 阅读案例正文第 4 部分（共享单车运营：对城市公共治理秩序及自身发展的挑战）。

阅读时间：5 分钟。

阅后提问：（可根据问题内容，将每个问题向一个或多个学生提问）

（1）这部分案例主要说的是什么事情？

（2）秦皇岛市共享单车的运营出现了哪些问题？造成问题的原因是什么？

4. 阅读案例正文第 5 部分（公共自行车与共享单车模式融合发展：可能性的探索）及相关新闻材料（《划片投放、电子围栏让秦皇岛的共享单车多而不乱》，河北新闻网，2018 年 5 月 11 日；《重磅！全国第一家专注景区骑行共享单车落地北戴河》，秦皇岛旅游文化发布微信公众号，2017 年 6 月 21 日）。

阅读时间：10 分钟。

阅后提问：（可根据问题内容，将每个问题向一个或多个学生提问）

（1）这部分案例主要说的是什么事情？

（2）秦皇岛市公共自行车与共享单车融合发展有哪些可能性？这些可能性是否可行？

5. 阅读案例正文第 6 部分（公共自行车与共享单车融合发展：面临的若干挑战）及第 7 部分（结语：如何在两种模式融合发展中实现扬长避短）。

阅读时间：6 分钟。

阅后提问：（可根据问题内容，将每个问题向一个或多个学生提问）

（1）如何理解这些挑战？除此之外，在公共自行车与共享单车融合发展中还面临其他哪些问题？

（2）如何解决公共自行车与共享单车融合发展中的各种挑战和问题？

第 3 节课：围绕案例问题进行分组研讨。

第 4 节课：分组陈述及组间辩论。

课后：各组分头进行案例分析总结，并提交案例分析报告。

其他教学支持

1. 可用调研来支撑案例分析。课外，可组织学生就城市公共自行车与共享单车融合发展的需求性、可能性与挑战性等相关问题开展问卷调查、现场访谈甚至外出考察，以拓展案例分析的理论深度和实践广度。

2. 可邀请本地（或有关城市）公安交通管理部门负责人、运营公司负责人、基层管理人员来到课堂，就案例进行现场说法。

3. 可采集本市及其他城市公共自行车与共享单车融合发展和运行现状的音像材料，以增强案例的生动性和鲜活性。

第三篇

共建·共治·共享：
社会公益开展精准扶贫的"马兰实验"

一、案例正文

共建·共治·共享：

社会公益开展精准扶贫的"马兰实验"

摘要：中国脱贫攻坚战已取得全面胜利，现行标准下，农村贫困人口全部实现脱贫，贫困县全部摘帽，贫困村全部出列，完成了消除绝对贫困的艰巨任务。回顾整个脱贫过程，其中存在个别地方扶贫措施不够精准、资金使用效率不高，而城市的一些公益人士有资金、有资源、有热情，却不知以何种方式对这些地方进行持续性帮扶的悖论。这是脱贫攻坚战中各地的扶贫工作所面临的普遍性难题，也是制约脱贫成效的深层次问题，更是一个重大的公共管理课题。解决此类阻碍的关键在于实现"社会公益＋精准扶贫"。

回顾脱贫攻坚过程，发生在太行山连片特困区、河北省深度贫困县——阜平县的"马兰实验"，是社会公益组织实施精准扶贫的有益尝试，集中体现了共建共治共享社会治理格局在社会扶贫领域中的具体实践：共建——以世外源农牧开发有限责任公司作为平台，以精准选定的产业项目为载体，由社会公益组织提供启动资金，农民则有钱出钱、有物出物、有力出力，既立足公益又注重效益，既提供扶持又防范"等靠要"，各方共同致力于形成能够带来持续稳定增收的造血机能。共治——虽出自公益扶贫的初衷，但并不完全按照纯粹的社会志愿机制来运行，而是在公益目的下追求效益，在效益获取中实现公益，最终带动村民增收。为此，引入现代企业制度，实行公司化运营。同时，农户作为股东或务工者，广泛地亲身参与生产经营活动，进而成为增收的受益对象。共享——以现代企业制度运营的世外源公司所实现的效益，最终回归于公益的初心，通过项目的精准安排和有效治理，使广大农户直接获得经济收益，具备稳定持续增收的造血保障。同时，合理的激励制度与利益分配机制，又避免了"扶贫扶懒"现象的发生，树立并强化了脱贫致富意愿及能力，彰显了辛勤劳动的根本性价值。

关键词：精准扶贫；社会公益；社会治理格局；阜平县马兰村

适用主题：公共管理主体；公共管理价值；公共管理工具；公共管理职能（政府、市场与社会关系；市场失灵、政府失灵及其矫正；志愿失灵及其应对）；公共管理与私人管理的关系；非政府组织与社会自治组织；共建共治共享的社会治理格局

（一）引言："社会公益 + 精准扶贫"是否可能

"打赢脱贫攻坚战""打造共建共治共享的社会治理格局"是党的十九大报告中提出的两大战略部署。报告指出，要动员全党全国全社会力量，坚持精准扶贫、精准脱贫，坚持大扶贫格局，注重扶贫同扶志、扶智相结合，重点攻克深度贫困地区脱贫任务，做到脱真贫、真脱贫。可见，构建大扶贫格局，广泛动员社会力量参与扶贫事业，在社会层面形成"共建、共治、共享"的贫困治理格局，是打赢脱贫攻坚战的重要制度安排和战略举措。现今，我国脱贫攻坚战已取得全面胜利，但在脱贫过程中，社会公益力量参与精准扶贫作为其中的一个具体实践层面、一种具体实践方式，却面临着诸多现实困境：

——分散的社会公益力量如何才能凝聚起来？尤其是如何组织起来才能精准地做成一件大事？

——深度贫困农村的扶贫工作受到严重的资源条件制约，如何不仅做出"无米之炊"，而且通过"输血"来激发"造血"机能？

——如何通过"精准滴灌"而非"大水漫灌"式扶贫，实现项目安排精准、措施到户精准、脱贫成效精准，进而保证脱真贫、真脱贫？

——如何消解直接给钱给物扶贫方式所助长的"等靠要"负效应，实现扶贫扶志，避免扶贫扶懒，鼓励勤劳致富，激发内生动力？

——如何打破政府"孤军奋战"局面，真正构建起"大扶贫格局"，动员并有效发挥全社会力量共同打脱贫攻坚战？

上述问题是各地扶贫工作中面临的普遍性难题，也是制约脱贫成效的深层次问题，更是推进扶贫脱贫工作必须有效解决的重大公共管理课题。本案例是发生在太行山连片特困区、河北省深度贫困县——阜平县马兰村的真实事件，是破解上述系列困境的一项生动地方实践，是社会公益组织实施精准

扶贫的有益尝试，被称为"马兰实验"。

（二）马兰："深度贫困 + 红色基因"的独特之村

马兰村位于阜平县城南庄镇①西部深山区，由马兰、坡山、上庄等 22 个小自然村组成，这些小村如星星般散落在东西长约 12 千米的山沟里。马兰村西距城南庄 10 千米、207 国道 5 千米。

马兰村位于太行山北部的深山中，交通不便，山多地少，在脱贫攻坚战结束之前，人均耕地面积不足半亩，人均年收入仅四五百元，属于特别贫困地区。由于长期生活在封闭环境中，村民们的思想意识比较落后。耕地承包到户造成土地零散化，无法进行机械耕种，加之劳动力大量外出务工，本地农业生产处于效率极低的状态。

马兰村有晋察冀抗日根据地喉舌晋察冀日报社旧址。报社旧址位于村子正中间，紧靠北坡跟儿，1939 年 3 月至 1948 年 6 月，社长邓拓领导报社工作人员一道，在日军扫荡中，一边游击一边办报纸，创造了"用八匹骡子办报"的奇迹。1948 年 6 月 15 日，《晋察冀日报》和在河北省邯郸市创办的晋冀鲁豫《人民日报》合并成中共华北局机关报《人民日报》。

1944 年，为配合当时正在进行的"整风"运动，中共中央晋察冀分局将首次编辑出版《毛泽东选集》的重任交给了邓拓，也就是说，马兰村是第一部《毛泽东选集》的诞生地。后来，邓拓写《燕山夜话》时，署名"马南邨"，便是马兰村的谐音，以志不忘那段岁月。

报社在驻扎马兰村期间与当地老百姓形成了鱼水深情，当地百姓为支持办报拿出自家的土地、建材，出工出力帮助建设印刷厂。1943 年，日寇"扫荡"期间，为保护报社、严守秘密，村中 19 位村民献出了宝贵的生命，即"马兰惨案"。

---

① 城南庄镇位于阜平县南部，北距县城 13 千米，全镇辖区面积 242 平方千米，辖 21 个行政村，人口 19428 人。抗日战争时期聂荣臻在阜平创建晋察冀抗日根据地，城南庄镇是晋察冀核心区域，是晋察冀军区司令部等机关所在地。解放战争时期毛泽东、周恩来、任弼时等中央领导人曾在城南庄镇停留一个多月，后转移到西柏坡。

图 3-1　《晋察冀日报》及其前身《抗敌报》

图 3-2　邓拓《燕山夜话》

图 3-3　马兰惨案纪念碑

图 3-4　晋察冀日报社烈士纪念碑

（三）缘起："公益人士＋精准扶贫"的行动之因

晋察冀日报社社长邓拓同志的长女邓小岚在反"扫荡"期间出生于马兰村，并由当地老乡哺育到 3 岁，由此结下的情缘绵绵不绝。

2003 年，按照国家调整农村中小学布局、撤并乡村小学、建立中心小学的政策要求，马兰小学由于校舍过于破败，属于撤销范围。如此，附近村庄里的学生就只能每天走 5—10 千米去中心小学念书。为了解决这一问题，邓小岚与阜平县教育局联系，并带领弟弟妹妹出资翻建了马兰村小学的危房，保留了学前班和一、二年级的教学点，解决了周边村庄年幼学生上学路途遥远的问题。不仅如此，他们还积极联络社会公益人士，出资援建岔河村中心小学。

图 3-5　邓小岚老师在教学　　　　　　图 3-6　马兰村小乐队

　　邓小岚见乡村小学没有开设音乐课，就主动提出义务支教，还和朋友为学校捐助了各种乐器、器材、教材。她坚持自费往返于北京和马兰之间，义务授课，一干就是 14 年。经她培育的马兰村小乐队已经走出深山到大城市汇报演出，受到国家领导人接见，还登上了北京电视台春晚的舞台，山里的孩子借助音乐的翅膀开阔了眼界，开启了更加精彩的人生。邓小岚和马兰村小乐队的事迹被媒体广泛关注，大家除了在朋友圈里点赞，还表达了要捐款捐物一起帮助马兰的心愿。

　　2012 年春节期间，邓小岚的侄子刘卅生陪同她一起去马兰村，到马兰村之后，刘卅生看到村庄破败的景象深受触动。刘卅生的祖父刘其人是 1934年参加革命的老同志，抗战期间受党委派从延安到山东组建抗日武装，抗战胜利后带部队进驻东北，1949 年后在解放军总政治部工作，1955 年被授予少将军衔。刘卅生的父亲在抗战期间是被沂蒙山的老乡抚养长大的，刘卅生从小受到家庭教育的影响，和邓小岚一样，对老区的老乡具有深厚的感情。在与村里群众接触的过程中，乡亲们向他表达了迫切期盼发展生产、改善生活的愿望，但同时乡亲们又苦于缺少技术和资金、不懂管理、没有市场等而无计可施。村中三个生产小队长主动与他联络，希望他能帮助开展项目、发展经济。

　　刘卅生此行目的就包含想办法让社会公益力量来帮助马兰村脱贫。接下来在村里转悠，刘卅生的心情越来越沉重。虽然未出正月，但村里的青壮年劳力已经开始外出，留在村里的多是些老弱妇孺。在村里调查走访期间，一位村民脱口而出的一句话在他脑海里挥之不去："弄点钱，咱们一起把它分了。"刘卄生知道，多年来，国家在扶贫工作中投入了大量的人力、物力、财力，从给钱给物到项目扶持，取得了显著成效。但在个别地方，由于扶贫措施不够精准，资金使用效率不高，形成了连年扶贫连年贫的怪圈。而在城市里，一些公益人士有资金、有资源、有热情，却苦于不知以何种方式帮扶才更具有持续性。

从阜平回到北京，刘卄生和朋友们开始到周边一些经济发展较好的村庄开展密集调研。一方面考察适宜种植、养殖的项目和乡村旅游模式，另一方面向专家请教关于发展农村经济的法律法规、组织方式和实施策略。通过反复征求有关专家、公益人士以及村民的意见，并经充分论证与周密策划，阜平县世外源农牧开发有限责任公司于2012年10月在马兰村诞生了。在一个拥有红色基因但深度贫困的小山村，社会公益组织开展精准扶贫的大幕正式拉开，基于社会力量共建共治共享的贫困治理格局逐渐生成。

（四）共建："公益输血 + 产业造血"的扶贫之基

所谓共建，即多方主体共同参与建设。在马兰村的社会公益扶贫模式中体现为：以世外源农牧开发有限责任公司作为平台，以精准选定的产业项目为载体，由社会公益提供启动资金，农民则有钱出钱、有物出物、有力出力，既立足公益又注重效益，既提供扶持又防范"等靠要"，各方共同致力于形成能够带来持续稳定增收的造血机能。

1. 共同谋划，广泛调研协商做好顶层设计

在最初的谋划阶段，刘卄生针对马兰村的具体情况，请教各界专家，经公益人士与村民充分讨论之后，形成几项共识：必须破除"等靠要"思想，以自力更生为主，实现自主发展；发展集体经济，进行集约经营，走共同富裕道路；破除平均主义大锅饭思想，以自愿为原则，采用股份制公司形式整合资源，争取合作共赢；因地制宜考察及引进项目，进行实验、筛选以备推广；不嫌小、不嫌慢，做好顶层设计，探索城乡结合扶贫开发新模式，待条件成熟后向周边村庄辐射发展，进行模式复制以带动更多群众脱贫致富。

据此，刘壮生等人组织开展了周密细致的调研筹备工作。首先，考察北京周边农村经济发展较好的村庄，分析借鉴其发展模式；考察适宜的种植、养殖项目；参观比较不同的乡村旅游发展模式。随后，就发展农村经济的法律法规、组织方式、实施策略等重大问题，进行了广泛且深入的咨询。在此基础上，综合各方意见进行公司架构及运营模式设计，在反复征求专家学者、企业界人士、公益人士、村民的意见后，最终形成《城乡结合扶贫开发实施方案》，对马兰村扶贫作出顶层设计和整体部署。

2. 共建载体，采用股份制公司形式整合资源

按照方案设计，成立了阜平县世外源农牧开发有限责任公司。该公司具有非常鲜明的特征，甚至是阜平县独一无二的个例。

一是股东数量多，初始注册股东 30 余人。

二是股东分布范围广，股东们来自美国和中国的北京、上海、天津、广州、河北。

三是股东身份复杂，从留美博士、各行业专家、企业家，到本地村民。

公司采用股份制合作形式整合资源，按照现代企业制度引导一种合作共赢的理念，坚持与农户一道自力更生，不向银行贷款，不使用国家扶贫资金，借助股份制实现资金的全部自筹。经过宣传动员，公益人士认缴入股 57 万元，村民最初入股 14 万元，后来有村民退出 3 万元，最终认购 11 万元，总计募集启动资金 68 万元。

世外源公司股份常年对村民开放，鼓励村民以出钱、出地、出力等多种形式灵活参与公司运营。

3. 共做项目，公司精挑细选基础上的农户精耕细作

公司与农户以精准选定的产业项目为纽带，共同创造财富、增加收入。在广泛调研论证的基础上，确定了产业发展基本思路：根据本地实际情况和市场需求，发展种养结合、生态循环的高效有机农业；种植业选择中草药、花卉、粮食、蔬菜等；养殖业选择本地特产五花头黑猪、巴马香猪、野猪，采用圈养与散养相结合方式，经二代杂交选育新品种；种养结合以建设大型沼气池作为转化中心，在提供生态转化的同时产生绿色能源。

在产业项目的具体实施和运作中，公司牵头对项目进行选择和推进落地，农户则依托其创业和就业功能，要么直接获得经济收益，要么通过土地、设备、资金、技术、管理等获得入股分红，或者通过在其中务工获得工资收入。特别重要的是，为了适应村中劳动力多为 60 岁以上老人的情况，公司产业项目主要选择劳动强度较低、收益较高的种植养殖业项目。

（1）立足自身生态优势的养殖业

① 瞄准高端人群的马兰牌有机散养黑猪。早在公司筹备期间，北京顾问团队的一位专家便建议，养殖太行山黑猪具有很好的市场前景。为了找到这种黑猪，刘壮生曾开车沿太行山搜寻了上百个村庄，最后一共找到 6 头种猪。如今，公司已拥有种公猪 20 头，能繁母猪 500 余头，存栏商品猪 1000多头。公司与相关村民签订土地流转合同，流转废弃采矿场作为养猪场，经村委会鉴定后报土地管理部门备案，分步分期建设了养猪场。

一是引进种猪并繁殖成为三元和四元杂交猪。选择本地特有的五花头黑猪与适应性强的野猪进行杂交，产下的第二代母猪中的优等猪与广西巴马香猪进行杂交，产生的三元猪（第三代）抗病性强、耐粗饲料、产仔量高、肉质好。后又引进法国杜洛克猪，杂交后产生了肉质好、瘦肉多的四元猪（第四代）。

二是建设山谷散养场。杂交后产生的三元猪和四元猪在经过 3 个月的精心饲养后，移至散养场养殖，在散养场仍每天投放饲料 1—2 次。

三是养殖生态猪。不用抗生素，种植紫花苜蓿、蔬菜、玉米、土豆等作为猪饲料，种植板蓝根、大青叶、黄芪等添加到饲料中以预防疾病。

四是猪的饮用水来自从 108 米深井中提取出的矿泉水，每个猪圈里都装有水管，猪圈的顶端装配了一个带压力传感器的喷嘴，猪饮水时只需用嘴拱喷嘴即可喝到干净的矿泉水（猪很聪明，教会一头小猪，其他小猪都会跟着学会）。

五是猪圈里铺设地暖，以保证猪能安全过冬（马兰村冬季气温可低至零下 25℃），其热水来自太阳能热力站和燃烧沼气产生的热能。

可见，由世外源农牧开发有限责任公司主导养殖的三元猪和四元猪是吃原生态饲料、喝矿泉水、不喂抗生素的优质生态黑猪。目前，黑猪肉由"坨坨公社"通过网络销售。

图 3-7　种猪场

图 3-8　三元仔猪

图 3-9　散养场

图 3-10　黄粉虫养殖

② 引进黄粉虫养殖。黄粉虫生长周期为 3 个月，一年可养殖 3—4 轮，黄粉虫的饲料是米糠和蔬菜叶，类似于养蚕，技术含量相对较低。目前，马兰村一年可生产几吨黄粉虫。黄粉虫可提供昆虫蛋白、SOD（超氧化物歧化酶）和甲壳素等物质，是高蛋白食物，人可以直接食用，也可用于制作面包和制药等。黄粉虫的粪便仍含有占比很高的蛋白质，是上好的猪饲料。马兰村的黄粉虫出口到俄罗斯和东欧。

③ 发展蜂业。与合作单位联合开发蜂业产品，如蜂蜜、蜂胶和蜂蜡等，开拓销售市场。与科研院所合作，预研高科技生物医药项目，如蜂毒。与中国蜂业协会合作，协办蜂产品溯源体系建设及业务培训。

（2）具备较高经济效益的种植业

阜平县土地稀缺，素有"九山半水半分田"之称，要想让当地村民依靠种植业实现脱贫，唯一的途径便是"提高单亩产值"。为此，世外源公司在马兰村曾经试种过 30 多种中草药，例如半夏，第一年试种不行，第二年试种还不行，只好放弃；而黄芪，虽然在山区产量很高，但市场价格波动太大，亩产效益不稳定。经过筛选，他们最终选中香料玫瑰。

马兰村的土壤母质呈弱酸性。花岗岩是一种典型的酸性熔浆岩，其风化崩解后形成沙质土壤，通风和排水良好，富含多种矿物质，但也正因为排水良好，对于灌溉和施肥的要求反而更高。玫瑰喜欢阳光充足、凉爽、通风及排水通畅之处，在肥沃的中性或者微酸性土壤中生长最好。经过连续五年施用发酵过的沼液沼渣，这里的土壤已被改造成为最适合生产高品质香料玫瑰的沃土。

目前马兰村已引进香料玫瑰进行种植，面积达 60 亩。采收的玫瑰花经过人工分拣，一部分低温烘干成玫瑰花茶，一部分蒸馏提取玫瑰精油和玫瑰纯露。在清华大学专家指导下，公司研制了玫瑰花蒸馏设备，在传统水蒸馏工艺流程下取得了国内领先的提取效果。经循环蒸馏所生产的玫瑰纯露精油含量达到饱和状态，经检测，质量远超普通产品。为提高生产效率、扩大产能，公司在原有实验设备基础之上优化工艺，新建大型提取设备。目前已向台商

图 3-11　采摘玫瑰

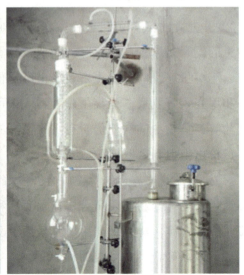
图 3-12　蒸馏设备

售出数吨玫瑰纯露，玫瑰花茶和玫瑰精油也有广阔的销售前景。

此外，世外源公司选择了20余种中草药进行试种，筛选适合本地水土、气候的品种进行推广。目前正准备种植黄蜀葵，黄蜀葵生物黄酮含量很高，是继香料玫瑰之后的又一重点种植项目。

种植业吸纳小农户的共建机制是：世外源公司签订合同租赁村民承包地进行规模化种植，租金采用与本地玉米收购价挂钩的优惠浮动价。田间管理优先使用本村劳动力，按日工累计年终结算。

（3）建立种养结合的生态循环系统

世外源公司不仅推动一个个种植养殖项目的发展，还注重发挥生态系统效用，建立生态循环系统。建立大型沼气池作为转化中心，将猪粪排入沼气池后产生的沼气作为燃料，用于猪圈的地暖以及在冬季为猪加热饮用水。沼气池中的残渣是上好的有机肥料，积累到一定量时从沼气池通过闸门排入一个存储池，在需要时，将沼液、沼渣混合在一起，通过引渠流入耕地，为农作物施肥，这样就建立了在提供生态转化的同时产生绿色能源的生态循环系统。在马兰村，猪吃的是当地出产的玉米和山上种植的紫花苜蓿，猪粪则排入专门的沼气池，沼气池的残液用于给农作物施肥，由此保证了全程零污染、零排放。

（五）共治："现代企制＋农户主体"的增收之路

所谓共治，即各方主体共同参与治理。在马兰村的社会公益扶贫模式中具体体现为：虽出自公益扶贫的初衷，但并不完全按照纯粹的社会志愿机制来运行，而是在公益的目的下追求效益，在效益的获取中实现公益，最终带动村民增收。为此，引入现代企业制度，实行公司化运营。同时，农户作为股东或务工者，广泛地亲身参与生产经营活动，进而成为增收的受益对象。

1. 世外源公司实行现代企业制度

为保护投资人权益，按照《公司法》成立股份制有限责任公司，设置股东大会、董事会、监事。全体股东讨论并制订《公司章程》，选举产生董事会、董事长、监事。最终，通过股东大会选举刘廿生为阜平县世外源农牧开发有限责任公司董事长。全体股东实际出资认缴股份。

2. 建立有效的激励机制和利益分配机制

对公益扶贫而言，激励机制和利益分配机制是决定成败和绩效水平的核心问题。根据公司理念及经营实际情况做出规定，公司股份设置资金股和分红股两种：资金股为实际出资计入公司注册总股本的股份，享有表决权、按比分配公司"资金股分红"权利，可转让、可继承。分红股系投入公司运营的重要生产资源（包括土地、主要机械、经营、技术、管理等）当期折算现金价值而产生的虚拟股份，需由董事会认定，无表决权，不可转让、不可继承。虚拟股份折算现金价值总额不得超过公司当期总资产的40%。特别强调，公司经营所需资源首选当地租赁、雇佣、采购。如上所述，在养殖业中，公司与相关村民签订土地流转合同，流转废弃采矿场作为养猪场场址，经村委会鉴定后报土地管理部门备案；在种植业中，公司签订合同租赁村民承包地进行规模化种植，租金采用与本地玉米收购价挂钩的优惠浮动价，田间管理优先使用本村劳动力，按日工累计年终结算。

图 3-13　世外源公司年度利润处置原则及流程

年度可分配利润按四步进行处置：第一步，公司提留40%；第二步，资金股、分红股共同分配60%，但分红股所分上限为20%；第三步，分红股分红，按比分配；第四步，资金股分红，按比分配。

"采用股份制合作形式整合资源，按照现代企业制度引导一种合作共赢的理念，一直是我们努力的方向。"刘廾生说。如今，世外源公司股份常年对村民开放，鼓励村民以出钱、出地、出力等多种形式灵活参与公司运营。而公司成立以来，未开口向政府要过一分钱扶持，完全靠自筹资金运作，目的就是要彻底破除群众中的"等靠要"和"平均分配"思想。

3. 共治带来有效的公益扶贫合力

经讲解和动员，本地村民以自愿为原则，可以出钱、出地、出力等多种形式灵活参与公司生产经营。为保护双方的利益，对农民的承包耕地采取双方自愿签订租赁合同、按年支付租金并赋予分红权利的方式征集到公司集中经营管理。公司股份常年对村民开放，允许村民等待观望，待其看到成果、下定决心时可以随时加入或增持股份。

世外源公司采用股份制合作形式整合资源，组织城市热心公益人士，充分吸引人才、资金、市场及社会资源参与公司运营，形成了留美博士、国家退休干部、企业老总、高级管理人才、普通农民、无保户、低保户等通力合作的优秀群体，利用贫困山区优质自然环境的后发优势开发现代绿色高效农业，按照现代企业制度，规模化、集约化、可持续地发展现代农村经济。公司经营及分配重点向本地村民倾斜，形成了城乡互动合作、公益与效益结合、成本与效率兼顾的扶贫开发新模式。

（六）共享："经济收益＋扶志扶勤"的脱贫之效

所谓共享，即各方主体在共建共治中共享发展成果。在马兰村的社会公益扶贫模式中体现为：以现代企业制度运营的世外源公司所实现的效益，最终回归于公益的初心，通过项目的精准安排和有效治理，使广大农户直接获得经济收益，具备稳定持续增收的造血保障。同时，合理的激励制度和利益分配机制，又避免了扶贫扶懒现象的发生，树立并强化了脱贫致富意愿与能力，彰显了辛勤劳动的根本性价值。

对于马兰村农民来讲，原来他们只是在"锅台大、炕台大"的土地上种植一点玉米和土豆，每年也就收入五六百元，而现在把土地租给世外源公司，不仅每亩可获租金1000元，还可以在公司的多个岗位上打工。

例如，47岁的张海林和妻子许士兰在种猪场打工。张海林负责打扫圈舍以及接生小猪等，每月工资2540元，妻子许士兰的工作主要是喂猪，每天50元，2017年一年，夫妇两人的收入加起来达到48000多元。张海林最为看重的还不是收入，他在外面打工可能比这挣得还高一些，但其父母都80

多岁了，能守家在地从事自己擅长、无压力的劳动，对他们来说是最理想的选择了。

每年的 4 月 30 日，是世外源公司为马兰村村民发放土地租金的日子，从 2012 年起至今没有差过一天。在公司打零工的村民的工资也从来没有被拖欠过。

马兰村有 95% 以上的农户以各种形式参与公司运营，其中以 60 到 75 岁的农民为主。2016 年，有 153 名在公司打工的农民先后从世外源公司领到工资共计 42 万元。随着农户们参与程度的加深（出资、出地、出力、出机械、参与管理），农户们家庭收入的增加值在第一年达到了 3000—20000 元，第二年达到了 3000—30000 元，相较之前的仅有几百、上千元的收入有了巨大提升。

公司的经营理念和模式已经被当地老乡所理解和接受，公司的诚心、诚信也被老乡高度认可，周边村镇农户积极要求公司扩展规模，以辐射带动更多人致富发展。

（七）结语："社会公益 + 乡村发展"可否复制

客观来看，随着我国经济社会发展及人民生活水平的提高，大、中城市及经济较发达乡镇中出现了不少热心公益事业的人士，他们开展了不少扶贫帮扶工作，做出了一定的成绩，产生了一定的成效，不仅促进了脱贫攻坚战顺利完成，而且为乡村振兴提供了良好基础。但是，常规性的公益活动难以避免地存在一些问题：仅凭公益心和热心，无法具备可持续性；缺乏组织性、系统性，无法促进产业可持续发展；公益扶持资源使用效率不高，一些公益活动仅仅停留在慰问、救助层面，无法做到持续深入；等等。

"马兰实验"是一种社会公益开展精准扶贫的新探索，它既有别于惯常的直接给钱给物，又不同于纯粹的产业扶贫，而是基于农村劳动力和公益人士有限资金的开发式扶贫模式。五年来，这家启动资金只有 68 万元的股份制公司靠着自力更生，已经发展成为一家固定资产 3000 多万元的企业，而它所倡导的勤劳致富理念，正在深刻改变着马兰村的整个乡村面貌和村民对生活的认知。

"作为公益扶贫的一种尝试，马兰这个地方人少、地少，只能算作一块试验田，我们更重要的是探索一种模式。"刘卄生说，这种模式就是公益人士提供启动资金，本地村民以出钱、出地、出力等多种形式灵活参与公司运营，城乡互动合作、公益与效益结合、成本与效率兼顾，最终实现可持续发展的公益扶贫开发新模式。

然而，社会公益力量在马兰村开展精准扶贫的成功实践，毕竟源于其历史造就的独特红色基因，得益于刘卄生这样有资源、有情怀、有智慧的特定人物的无私奉献，同时也受到各种自然、社会、政策等因素的影响。那么，在脱贫攻坚战胜利结束后，"社会公益＋乡村发展"这一模式的内涵价值是否还能在其他领域发挥重要作用呢？重视社会力量的治理模式是否可以复制到其他地方呢？

这是一种向往，也是一个问题。

二、案例思考题（根据课程及授课章节与内容选择使用）

1. 如何界定公共问题？本案例所涉及的公共问题是什么？

2. 公共管理的主体有哪些？各类社会主体在公共管理中的作用如何？

3. 作为一种政策工具类型，志愿性工具的优势和局限性体现在哪些方面？

4. 在精准扶贫精准脱贫工作中，政府、市场、社会分别发挥的作用如何？是否存在政府失灵、市场失灵的情形？

5. 社会力量能否弥补政府失灵和市场失灵？社会力量参与精准扶贫存在哪些先天不足和后天障碍？本案例中，是如何克服"志愿失灵"的？

6. 小农户与现代农业发展的有机衔接是否可能？如何实现？本案例中，社会公益、产业效益、农民利益是如何实现一致的？

7. 影响和制约共建共治共享社会治理格局形成的主要因素有哪些？在本案例中具体表现在哪些方面？

8. "马兰实验"为构建社会治理格局、实现乡村振兴提供了哪些启示？

三、案例说明书

共建·共治·共享：
社会公益开展精准扶贫的"马兰实验"

课前准备

1. 知识准备：教师在使用本案例开展教学活动时，应根据案例适用的课程及授课章节与内容，选择性地使学生学习掌握与公共管理主体、公共管理价值、公共管理工具、公共管理职能（政府、市场与社会关系；市场失灵、政府失灵及其矫正；志愿失灵及其应对）、公共管理与私人管理的关系、非政府组织与社会自治组织、共建共治共享的社会治理格局等有关的理论知识，保证理论联系实际，避免蜻蜓点水式的就事论事分析。

2. 资料准备：《公共管理》《社会治理》《非营利组织管理》等相关教材及有关教学资料（学生自备）；案例手册（统一印制，人手一份）；复印相关参考资料（统一印制，人手一份）。

3. 器材准备：多功能互动一体机；笔记本电脑；教学白板；大白纸及笔若干。

适用对象

该案例主要适用于公共管理、社会治理、非营利组织管理等三门课程。

公共管理课程是公共管理硕士（MPA）的学位核心课程，公共管理基本理论及研究方法是 MPA 各个方向（包括行政管理、社会保障、教育经济与管理、土地资源管理、社会医学及卫生事业管理、城市管理等）学生应具备的通用知识和能力，因此该案例适用于所有方向的 MPA 学生。

社会治理、非营利组织管理课程是公共管理硕士的专业选修课程，当本案例应用于该两门课程时，主要面向行政管理、社会保障等方向的研究生使用。

同时，本案例也可用于公共政策分析、公共伦理等课程。

教学目标

1. 知识理解。通过将所学的有关理论知识应用于该案例分析，从而帮助研究生实现对专业知识的理解、消化和吸收。

2. 学以致用。提高研究生运用所学理论知识，充分联系实际，发现、分析和解决公共管理问题的能力。

3. 思维训练。结合案例、运用知识，在分析中训练和提升逻辑思维能力，提高学生推理判断的理性和缜密性，使其思维方式逐渐条理化、系统化、结构化。

4. 综合提高。通过案例分析，综合提高研究生的语言表达、交流沟通、要义提炼、情景模拟等能力。

相关知识

1. 公共管理主体

公共管理主体是指在公共事务管理的过程中，以实现公共利益为目的、提供公共物品与公共服务的公共组织和个人。公共管理主体的特征包括：

（1）公共性。从行为性质及目的来看，公共管理主体从事的是社会公共事务的管理工作，其行为的直接诉求是获取公共利益、提供公共服务、创造公共产品、服务于社会公共生活。

（2）合法性。公共管理主体必须严格遵循相关的法律程序或内部规定，依法规范自己的管理行为，在法律或章程的范围内自觉履行公共管理的职责。

（3）层次性。由于社会公共事务的复杂性与多元性，不同事务的范围、性质具有程度上的轻重之别，各自所拥有的权责状况及其相应的地位所产生的影响大小各不相同，各自应该管理的公共事务内容也相差很大。

（4）合作性。在现代社会，公共管理主体多元化发展，政府组织与非政府组织进行着合理的多元分化和相互渗透，不同主体之间相互配合、相互监督，呈现一种良性的互动关系。

（5）开放性。随着社会自治能力的提升，越来越多的社会自治组织不断加入公共事务的管理中来，具体从事着公共产品、公共服务的供给，政府不再是公共管理的唯一主体，公共管理的主体结构从封闭性逐渐走向开放性。

这些特征对分析本案例中的各行动主体均有重要意义。

2. 公共管理价值

（1）公共管理与价值及价值取向问题密切相关。

（2）公共管理的价值原则主要包括公共性、正义、民主、效率、科学、参与等。这些价值原则之间，既存在一致性，也存在冲突性。

（3）公共管理的价值原则可分为目的性价值和工具性价值两类：公共性是公共管理的目的性价值；正义、民主、效率、科学、参与等是公共管理的工具性价值，是服务于公共性这一目的性价值的。

本案例所探讨的社会公益扶贫问题具有鲜明的价值性，案例中包含的具体实践则涉及不同价值之间的冲突与取舍，如世外源公司的公益性与效益性、公司利润分配的公平性与效率性等。

3. 公共管理工具

公共管理工具是指政府为了解决公共问题而采用的可辨别的行动机制，又称为"政策工具"或者"政府工具"。主要包括：

（1）组织工具，是指政府完全依靠自身力量来解决公共问题、实现政策目标的方式。其特征是直接、独立、科层控制、充分的资源利用，主要形式包括国家计划、政府机构、公共事业、公共企业、政府间协议和合作等。

（2）管制工具，是指政府强制目标群体服从决策以解决公共问题、实现政策目标的方式。其特征是直接和间接相结合、强制性、法规方式、权力资源的运用，主要形式包括行政立法与司法、行政决定、行政检查、行政处置、行政强制执行等。

（3）经济工具，是指政府用经济利益诱导目标群体的行为以解决公共问题、实现政策目标的方式。其特征是间接、一定程度的弹性、市场机制的运用、经济资源的使用，主要形式包括产权、税收、支付或补贴、费、券、特许担保、贷款、合同等。

（4）信息工具，是指政府不采取行动，而是通过信息的供给、控制和隐瞒来影响目标群体的思想、认识、观点和态度进而引导其行为，来解决公共问题、实现政策目标的方式。其特征是间接、弹性、知识的运用，主要形式包括行政指导、信息发布、认证、意识形态、仪式和象征等。

（5）市场和志愿工具，是指政府不直接采取行动，完全依靠市场机制和志愿组织来解决政策问题、实现政策目标的方式。其特征是间接、充分自由、"看不见的手"或利他主义，主要形式包括市场、团体自治或自我管制、慈善组织和志愿行动等。

与本案例直接密切相关的是"市场和志愿工具"。

4. 政府、市场与社会关系

（1）现代政府是社会管理的主要责任承担者，以强制力保障法律得以执行，保证社会秩序的正常运行。但是，政府不能代替市场配置资源，更不能用政府行为代替市场行为。要让政府在更好地发挥作用的同时又避免弊端，就需要政府与社会、市场相互合作，与社会组织相互协作。

（2）市场经济作为一种经济模式，就是让价格、供求、竞争等市场要素的相互作用来调节经济活动。市场在发展经济方面具有优势，能够使经济活动遵循价值规律的要求，适应供求关系的变化，通过价格杠杆和竞争机制的功能，把资源配置到效益好、有着市场需求的环节和部门中去。

（3）要保证政府作为社会公共秩序和社会公平的维护者，同时尽量减少公共开支并提高政府的效率，还需要有第三方力量——政府之外的社会组织，发挥凝聚社会力量、调解社会矛盾、维护公共利益的作用。

（4）政府、市场与社会组织各有自己的优势和缺陷，必须合理确定各自的活动范围、职责权限，实现三者的良性互动。

本案例所探讨的社会公益以产业开发方式开展精准扶贫工作，从根本上反映着政府、市场和社会关系，三者关系的基本原理及其在扶贫工作中的具体表现，是本案例分析的重要逻辑基础。

5. 市场失灵、政府失灵的表现及成因

（1）市场失灵是指市场机制在不少场合下会导致资源不适当配置，即导致无效率的一种状况。导致市场失灵的原因主要有：①个人自由和社会原则的矛盾。基于个人效用最大化原则的帕累托最优概念与社会公平原则不一定一致，效率与平等是市场无法自行解决的一对矛盾，市场无法解决个人价值与社会价值取向产生的矛盾。②现实中的经济运行不能满足完全竞争假定，如市场存在着的独占、垄断、过度竞争等，都会引起社会效率的损伤。③某些领域不适用一般竞争均衡分析，尤其是那些体现效率递增的经济活动，如研究与开发等。④完全市场假定不成立，如完全的风险保障市场是不存在的。⑤信息不完备或信息无关性的存在，主要表现为私人的信息获得是有限的；信息在私人交易过程中会发生扭曲；市场行为主体所掌握的信息是不对称的。⑥存在不完全均衡，资源不能被充分利用，如失业等。⑦存在外部效应。⑧公共物品是市场无法自行保证供给的。

（2）政府失灵就是政府为了矫正和弥补市场机制的功能缺陷所采取的立法、行政管理以及各种经济政策手段，在实施过程中往往会出现各种事与愿违的结果，最终导致政府干预经济的效率低下和社会福利损失。目前我国现实生活中存在的政府失灵主要表现在以下两个方面：①无效调节导致政府失灵。在那些本该由政府发挥作用的领域，却由于财力不足、制度不完善等原因，致使政府应该进入的领域而没有进入或没有完全进入，政府有心无力，调控手段缺乏力度，调控机制运转不灵，调控效果难以到位。②过度干预导致政府失灵。在那些本该由市场发挥作用的领域，过多地使用行政手段来管理经济，政府应该退出的领域而没有退出或没有完全退出，权力集中，责任无限，结果不仅没能弥补市场的缺陷，反而扬短抑长，妨碍了市场机制正常发挥作用。

本案例中的社会公益参与扶贫开发，是对政府脱贫攻坚工作、贫困地区在市场经济中谋求发展的重要补充，其价值和意义可以从政府和市场在扶贫开发中的失灵（集中体现为不充分）角度找到源头。

6.志愿失灵的表现、成因及应对

（1）志愿失灵是指个人或者集体自愿的非政府组织在其志愿活动运作过程中出现种种问题使志愿活动无法正常进行的现象。主要表现为，一方面志愿团体不断展开行动试图帮助弱势群体，社会各界亦给予一定的关注与支持；但另一方面，受助群体仍不能有效得到帮助或者某一些群体得到过剩帮助而另一些却得不到帮助。总的来说，受助群体得到的收益远小于社会付出的资源。

（2）志愿失灵的表现及成因

一是资源不足。非政府组织活动所需要的开支与所能筹集到的资源之间存在巨大的缺口。就获取资源的方式而言，政府的特征是"强制"，营利组织的特征是"自愿"和"互利"，而非政府组织的特征是"自愿"和"公益"。非政府组织用来"生产"公共产品的资源主要有三个来源：社会捐赠、政府资助和收费。通常志愿捐款只占非政府组织开支的很少一部分，服务性收费是一个很敏感的问题，过高则很容易使公民反感，会受到公民的抵制，而且这不符合非政府组织的初衷，一般来说，非政府组织不会将其作为主要资金来源。因此，不论是在历史上还是现在，政府补贴一直是非政府组织的主要经济来源，在其预算开支中占主要地位，并且还处于上升趋势。但由于新公共管理运动和政府重塑运动，政府越来越没有能力，也没有意愿来过多地支持非政府组织了。

二是家长作风。非政府组织往往存在家长作风，实际掌握经济资源的人对如何使用资源有较大的发言权，他们所做的决定往往既不征求多数人的意见，也不必对公众负责和接受监控。

三是绩效不高。非政府组织具有业余性，强调的是志愿性，义工服务工作常常由有爱心的志愿人士担任，这不可避免地影响到组织绩效和服务产品质量。同时，由于非政府组织不能提供有吸引力的工资待遇，因此很难吸引专业人员加盟，这也影响非政府组织功效的发挥。

四是对象限制。作为政府失灵的一种补充，非政府组织活动的对象往往只是某些特定的社会群体，如特定的种族、特定区域的居民、特定的性别和年龄。由于不同非政府组织筹集资金、组织动员能力不同，不同群体受到的服务肯定会不同。以慈善活动为例，如果每个群体都要建立自己的慈善机构，很多机构提供的服务很难产生规模效应，或者成本很高，效率很低。

五是环境同化。除了以上问题，作为制度环境的产物，非政府组织存在被环境同化的可能，这是因为任何一种组织的存在都是以反应迅速和高效管理为目标的，非政府组织也不例外。政府组织与市场组织是两种成功的组织形式，它们的结构和运转方式也是非政府组织所倾向模仿和选择的，所以非政府组织的官僚化倾向和组织目标的转移也就在所难免，这些也是志愿失灵的一种表现。

（3）志愿失灵的应对措施

非政府组织的志愿失灵，并没有削弱非政府组织存在的必要性，萨拉蒙认为，非政府组织的短处正好是政府的长处，而政府的短处正好是非政府组织的长处，它们之间是相互依赖的。非政府组织应该作为最初提供公共服务的制度安排，只有在非政府组织提供服务不足的情况下，政府才需进一步发挥作用。据此，他提出了一个"委托政府"理论，政府为实现自己的目标而将提供公共服务的任务委托给非营利性组织来承担，二者之间达成一种相互依赖各自比较优势的分工，政府负责资金支持，非政府组织负责提供服务，二者的合作可以使双方各自发挥出自己的优势。政府通过一部分职能下放，达到节约成本的目的，尽管政府需要订立合约进行监督，但是这些都低于直接提供公共服务的成本，同时这种合作可以适应地方各种需求，避开庞大的官僚系统。如果某些公共产品不是由政府独家提供，而是由政府和非政府组织共同提供，并且在它们之间建立起一种平等的竞争关系，那么肯定会促使它们提高生产效率，扩大消费者的选择机会和效用。

需要补充的是，第三部门在提供服务时，也可以委托市场来提供一部分服务，特别是市场比较擅长的部分。例如，把环境治理、环境呼吁等工作委托给发展较好的环境保护组织，同时政府为非政府组织在这些项目上的运作提供资金。而接受委托的环境保护组织除了将一部分自己擅长的任务留下，还可将其中一部分工作在保证质量的情况下委托给相关的环保公司。因此，三方面合作，各自发挥优势，相互补充，从而最大程度地满足社会中不同人群的需求。

本案例是成功克服了上述志愿失灵的一个成功实践，但在当前和未来也会受到志愿失灵的困扰，因此必须从原理上弄清楚志愿失灵及其防范矫治问题。

7. 公共管理与私人管理的关系

（1）相通相似之处：同属于人类管理活动，具有目的性、知识性、依存性；发挥计划、组织、领导、控制等基本职能；遵循专业分工、权责一致、统一指挥等基本原则；等等。

（2）存在差异之处：公共管理与私人管理的使命不同；与私人管理相比，公共管理的效率意识不强；与私人管理相比，公共部门尤其是政府更强调责任；公共组织尤其是政府中的人事管理系统比私人组织中的人事管理系统要复杂和严格得多；公共管理有明显的政治性或公共性。

本案例中的世外源公司，虽然是公司法人且按现代企业制度运行，但其成立目的和经营使命决定了它的特殊性，恰恰反映了公共管理与私人管理的交叉，借此可更全面、更具体、更深入地探讨公共管理与私人管理的关系。

8. 非政府组织与社会自治组织

非政府组织是独立于政府体系之外的具有一定程度公共性质并承担一定公共职能的社会组织，这些组织活跃于人类社会生活的各个领域和层面，其形式、规模、功能千差万别，但一般都具有非政府性、非营利性、公益性、志愿性等四个方面的基本属性。具体来说：非政府性指的是这些社会组织独立于政府机关及其附属机构之外，不是由政府出资成立，不具有自上而下的官僚体制，不具备排他性的垄断权力；非营利性强调这些社会组织不是营利性的企业，它们不以营利为目的，不具有利润分红等营利机制，组织资产不得以任何形式为私人所占有；公益性强调这些社会组织在投入产出上更多地依赖社会和服务社会，它们往往以各种形式吸纳社会公益或共益资源，对公信力等社会资本有更强的依赖性，提供的是社会所需要的各种形式的公共产品或服务，并形成一定的公共空间；志愿性强调这些组织的参与者和支持者通常不存在外在的强制关系，而更多基于自愿、自主的奉献精神和不求回报索取的博爱精神，各种形式的志愿者成为其重要的人力资源。

社会自治组织是指一定范围内的自治体全体成员在自由、平等的基础上依法对自治体公共事务实行自我管理的、不具有强制性的组织形态，既包括政治意义上的社会自治组织，如我国的村民委员会、街道居委会及其他政治性社团，也包括经济意义上的社会自治组织，如各种经济性协会、中介性组织等。社会自治组织具有其他组织所不具有的特征：①组织性：它们有较固定的组织形态，不是临时性的集合体。②志愿性：组织的成员具有较高觉悟，活动是建立在志愿基础上的。③非营利性：它们的活动是为了公益，而不是营利。④民间性：它们属非政府和非官方性质的。⑤非政治性：它们的活动为社会和公益服务。⑥自治性：它们既不受制于政府，也不受制于生产、流通企业和事业单位，还不受制于其他社会自治组织。

组织方式及运行机制问题，是本案例中社会公益开展扶贫开发的核心问题之一，是整个案例的关键所在，因此，必须对非政府组织、社会自治组织的基本概念与原理有准确的把握。

9. 共建共治共享的社会治理格局

党的十九大报告对新时代社会治理做了富有深刻内涵的表述，提出要"打造共建共治共享的社会治理格局"，这是对以往"完善党委领导、政府负责、社会协同、公众参与、法治保障的社会治理体制"认识的拓展和理念的进一步升华。

共建，即共同参与社会建设。创新社会治理思路，扩大公共服务市场开放，通过政府购买服务、健全激励补偿机制等办法，鼓励和引导企事业单位、社会组织、人民群众积极参与社会建设。在教育、医疗、卫生、就业、社保以及社会服务等相关领域，在坚持党委领导、政府负责的前提下，为市场主体和社会力量发挥作用创造更多机会，增强社会力量参与社会建设的能力和活力。

共治，即共同参与社会治理。充分发挥各级党委在社会治理中总揽全局、协调各方的领导核心作用，同时强化各级政府抓好社会治理的责任制。以保障人民群众根本利益为出发点和落脚点，发展人民民主，维护社会公平正义，保障人民群众在社会治理事务中依法实现自我管理、自我服务、自我教育、自我监督，努力形成社会治理人人参与、人人尽责的良好局面。

共享，即共同享有治理成果。加强和创新社会治理，归根到底是为了不断满足人民日益增长的美好生活需要，让人民群众共同享有治理成果。这就要求创新利益协调机制，完善利益保护机制，切实维护和保障人民群众切身利益。构建共享服务体系，建立政府主导、覆盖城乡、可持续的公共服务体系。不断完善社会保障，满足人民群众生产生活基本需要。构建实现共享的体制机制，不断完善基本公共服务制度、民生保障制度和公共服务监管制度等，让人民群众有实实在在的获得感、幸福感、安全感。

打造共建共治共享的社会治理格局，是社会主义本质及尊重人民群众主体地位在新时代的重要体现和实践展开。它意味着由过去偏重追求经济增长转向更加重视推动人的全面发展和社会全面进步，参与主体从政府主导转向党委领导、政府负责下的社会多元主体共同治理，治理方式从自上而下的单向管理转向政府和多元主体良性互动，等等。这一新的社会治理理念和实践强调坚持发展为了人民、发展依靠人民、发展成果由人民共享，重视全民积极参与、共同建设和共同治理，不断满足人民日益增长的美好生活需要。

关于共建共治共享的社会治理格局的上述知识，是本案例的重要分析视角、线索和逻辑，也是通过案例分析应得出结论的重要内容，要从宏观政策上予以理解和把握。

要点分析

1. 如何界定公共问题？本案例所涉及的公共问题是什么？

公共问题是公共管理的对象。公共问题既是公共管理活动的实践起点，也是公共管理理论的逻辑起点。因此，学习和研究公共管理，必须从关注公共问题开始；分析和探讨一个公共管理案例，也应从界定它所涉及的公共管理问题开始。

从一般意义而言，所谓问题，就是指现实与理想之间的差距，是主观需求与客观不足之间的矛盾，这是一切问题的本质所在。每一名社会成员都不可避免地面临着形形色色的问题，每一个国家和社会也往往被不计其数的问题所困扰。社会生活中的各类问题，从性质和影响范围来看，有些属于个人问题，有些则属于社会公共问题。社会问题也即公众的问题，即不是个人的困扰，而是社会中许多人遇到的公共麻烦（C.莱特·米尔斯）；社会大部分成员和社会一部分有影响的人物认为不理想、不可取，因而需要社会给予关注并设法加以改变的那些社会情况即为社会问题（乔恩·谢泼德）；社会问题可以定义为产生于一些人的需要、挫折或不满足，由本人所认定或由他人所认定，而寻求解决办法的环境或状况（查尔斯·O. 琼斯）。作为公共管理对象的公共问题，"不仅是一种客观存在的事实或状况，而且也是一种主观感知及集体行动的产物。它是一种由相当数量的社会成员感觉到的与人的利益、价值和要求相联系的，并由团体活动所界定的，以及为政府所认可，认为必须加以解决的社会问题"（陈振明）。

公共管理所针对的公共问题，通常具有复杂性、层次性、动态性等特征。

在本案例中，宏观层面的公共问题包括贫困地区的脱贫问题、社会公益力量的组织问题等；中观层面的公共问题包括公益扶贫组织运行模式问题、利益分配机制问题、形成"造血"机能问题等；微观层面的公共问题则包括产业项目选择问题、收益分配比例问题、克服部分农户"等靠要"思想问题等。

2. 公共管理的主体有哪些？各类社会主体在公共管理中的作用如何？

主体是指在特定活动中采取主动行动、居于主导地位、发挥主要作用的活动者。公共管理主体即在公共管理活动中具备上述特性的各类行动者。

公共管理活动的复杂性决定了其主体的多样性，既包括党和国家机构等各类官方主体，也包括社会组织、社会团体、社会成员等各类非官方主体。各类主体拥有不同的法定地位，具备不同的资源条件，因此发挥的作用也不尽相同。政府组织通常居于法律规定的法权地位、享有公共权威以开展各类公共管理活动，而非政府组织则往往通过一定的途径与方式参与到公共管理过程之中。

在本案例中，社会公益人士及其牵头组建的以公益为目的的公司，便是典型的社会主体，他们积极有效地参与到贯彻落实国家扶贫开发政策、治理贫困的公共管理过程中，发挥了重要作用。

3. 作为一种政策工具类型，志愿性工具的优势与局限性主要体现在哪些方面？

工具是行动者能够使用或潜在地加以使用，以便达成一个或更多目的的任何事物。政策工具是指在公共政策子系统中，政府等权威性的部门为了实现一定的政策目标，解决一定的政策问题而采用的手段、措施和机制的总称。志愿性工具（非强制性工具）作为一种政策工具，特征是"它没有或很少有政府参与，它的任务是在自愿的基础上完成的，政府在许多公共问题上往往不做什么事情或不主动介入，而留给社会去处理，因为它相信，市场、家庭或志愿者组织自身能够处理好这些问题"。

志愿者组织是志愿性政策工具的常见类型。其优势主要包括：（1）建立在自觉自愿基础上提供的服务是可靠的和低成本的；（2）灵活和具有回应性，能迅速满足服务者需要（例如，在救灾方面，志愿者组织的行动往往比政府快）；（3）由志愿者提供社会服务还可减少对政府行动的需要或减轻政府负担。

局限性主要体现在：（1）大量的经济与社会问题不能通过这种手段来处理；（2）志愿者组织也容易蜕化而变成准官僚机构，从而降低它的效能和效益；（3）许多社会成员既没时间也没有所需资源去从事公益劳动。

在本案例中，社会公益人士通过特定的组织形式（集中体现为公益性的世外源公司）在马兰村开展扶贫开发服务，既有自身的优势，同时也面临上述局限性的挑战。"马兰实验"之所以能成为一个有益探索，根本原因就在于顺应了志愿性工具的特性，发挥了志愿性组织的优势，同时又通过有效的体制机制创新，在很大程度上克服了志愿性组织的局限性。

4. 在精准扶贫精准脱贫工作中，政府和市场分别发挥的作用如何？是否存在政府失灵、市场失灵的情形？

精准扶贫精准脱贫工作，离不开社会资源的配置，而政府和市场是资源配置的两种基本方式。在现代社会中，人类解决贫困问题，政府和市场是两种基本途径：政府途径主要是通过制定、实施和监管扶贫脱贫政策来完成，而市场途径建立在贫困主体自主决策和市场交易的基础上，两者均发挥着不可替代的重要作用。

政府与市场的协同是精准扶贫精准脱贫的关键抓手。政府的行政手段有利于解决大范围、集中性贫困问题，但较难在专业性和精准性上凸显优势，而市场机制是一种分散决策机制，市场主体较政府更具有专业性、精准性。

扶贫脱贫中存在着政府失灵和市场失灵问题。政府失灵集中体现为政策制定不合理或执行异化，例如各地不顾实际条件、千篇一律搞光伏项目；蜂拥而上种植西红柿、草莓等，以致供给过剩造成滞销；引发贫困人口"等靠要"思想严重等。市场失灵则集中体现为私人资本对贫困地区、贫困人口不感兴趣，贫困地区因信息闭塞而竞争力弱等。与市场失灵相对应，政府失灵的可能性将制约政府在脱贫攻坚时发挥作用的空间。综合考量政府与市场的协同效应，平衡政府扶贫工作的成本和收益，合理引入市场机制，是完善政府与市场协同发力的顶层设计之根本。

5. 社会力量能否弥补政府失灵和市场失灵？社会力量参与精准扶贫存在哪些先天不足和后天障碍？本案例中，是如何克服"志愿失灵"的？

以组织性、民间性、非营利性、自治性、志愿性为主要特征的第三部门，作为社会力量的一种特定组织方式，被认为是弥补政府失灵和市场失灵的重要力量。它作为非政府公共部门在克服"搭便车"行为、官僚机构惰性以及公共权力对市场的无限干预等方面都具有积极意义，因而成为弥补政府失灵和市场失灵的一股重要力量。社会力量建构的第三部门是价值（人的首创精神）的保卫者，是对问题作出快速反应的服务提供者，是决策过程的倡议者和参与者，是社会资本的建设者，其优势所在恰恰是政府和市场的内在缺陷所在。

但社会力量参与精准扶贫也存在先天不足和后天障碍：（1）自身资源不足，本案例中主要来自社会捐赠，数量有限；（2）组织凝聚力挑战，本案例中需要把各类人员整合起来并协同作战，难度可想而知；（3）组织运行方式困境，本案例中的世外源公司既要严格遵循公益性，又要按照市场规律经营，按照现代企业制度运营。

本案例的成功之处便在于，扎根于红色基因的"初心"与"使命"，从根本上保证了世外源公司整个经营活动的公益导向；通过充分调研、精选项目，从源头上保证了"效益"基础上的"公益"；通过科学合理的利益分配机制，从制度上调动了农户参与的积极性，避免了扶贫扶懒、志愿依赖的恶性循环。

6. 小农户与现代农业发展的有机衔接是否可能？如何实现？本案例中，社会公益、产业效益、农民利益是如何实现一致的？

党的十九大报告明确提出，要"实现小农户和现代农业发展有机衔接"。这一要求，着眼于中国现实的国情、农情和中国特色农业农村现代化建设规律，既是重大的理论创新，也是务实的实践要求，对于推进农业农村发展，具有重要的指向意义。本案例与此问题直接相关，为其提供了一个生动样本。

实现农业农村现代化，必须发展多种形式适度规模经营，培育新型农业经营主体。同时我们还要看到，在相当长的时期内，在我国农业经营中小规模的兼业农户仍然会占大多数，这仍将是我国农业生产经营的主要组织形式，可以说，没有小农的现代化就不可能有中国农业农村现代化。尤其是在中国这样一个有着悠久农耕文明史的农业大国，小农不仅是农业经济的基本单元，也是传统农耕文明的重要载体，在我国经济社会发展中更发挥着"稳定器"的作用。因此，在我国现代化发展进程中，绝不能抛弃小农、遗忘小农，更不能剥夺小农。

本案例表明，实现小农户和现代农业发展有机衔接，要以"共享"为核心，加强小农户与新型经营主体的利益联结。农业农村现代化的一个基础性标志，就是农民生活富裕。因此，应以带动小农致富为着眼点，其关键在于建立小农户与新型经营主体共同致富的利益联结机制。一方面，健全扶持机制，要在重视培育新型经营主体、扶大扶强的同时，将新型经营主体对小农户的带动作为政府扶持政策的重要衡量标准，推动更多惠农政策和资金资源向小农倾斜。另一方面，完善经营机制，引导和组织小农户参与和发展农民专业合作社（例如本案例中的世外源公司），完善土地入股、股份合作、订单带动、利润返还等"风险共担、利益共享"的利益联结机制。

7. 影响和制约共建共治共享社会治理格局形成的主要因素有哪些？在本案例中具体表现在哪些方面？

影响和制约共建共治共享社会治理格局形成的主要因素，既包括宏观层面的法律政策、制度安排、体制建构和机制创新等，也包括中观层面的治理主体构成、主体间关系的历史与现状、各类主体能力等，还包括微观层面的资源条件、方式方法、绩效状况等。

本案例反映出人人皆愿为、人人皆可为、人人皆能为的社会扶贫参与机制，体现了政府、市场、社会协同推进的大扶贫格局，是共建共治共享社会治理格局在脱贫攻坚战完成过程中的一个具体生动实践。

共建——以世外源农牧开发有限责任公司作为平台，以精准选定的产业项目为载体，由社会公益组织提供启动资金，农民则有钱出钱、有物出物、有力出力，既立足公益又注重效益，既提供扶持又防范"等靠要"，各方共同致力于形成能够带来持续稳定增收的造血机能。

共治——虽出自公益扶贫的初衷，但并不完全按照纯粹的社会志愿机制来运行，而是在公益的目的下追求效益，在效益的获取中实现公益，最终带动村民增收。为此，引入现代企业制度，实行公司化运营。同时，农户作为股东或务工者，广泛地亲身参与生产经营活动，进而成为增收的受益对象。

共享——以现代企业制度运营的世外源公司所实现的效益，最终回归于公益的初心，通过项目的精准安排和有效治理，使广大农户直接获得经济收益，具备稳定持续增收的造血保障。同时，合理的激励制度和利益分配机制，又避免了扶贫扶懒现象的发生，树立并强化了脱贫致富意愿与能力，彰显了辛勤劳动的根本性价值。

8."马兰实验"为构建社会治理格局、实现乡村振兴提供了哪些启示？

汇集社会资源，发挥社会力量的优势。政府不是万能的，不可能在所有领域面面俱到，实现乡村振兴、发展社会产业不能只依靠政府这一单一力量，要积极汇聚社会资源，做到资源的"源于民、惠于民"，利用社会组织的专业优势和"群聚智慧"，有效推动社会进步与乡村发展。

引入市场化机制，拉动经济发展。"马兰实验"提供了一种"市场—政府—社会"多轨并行的治理模式。基于经济利益交换的市场机制已经发展成为不容忽视的治理力量，通过市场化机制来发掘和释放地区的市场潜力，形成新的经济增长点，推动地区产业结构转型升级，拉动当地的经济发展。

构建向上的社会文化氛围，激活乡村建设的内在动能。积极宣传现代化的理念和创新求变的思维，鼓励村民拥抱新知、勇于尝试。通过教育引导、文化活动、媒体宣传等多种渠道，让先进文化深入人心，激发村民自我发展的热情与潜能，推动乡村社会焕发活力，为乡村建设注入不竭动力。

加强协同合作，形成多元主体优势互补、有效衔接的社会治理格局。政府、企业、社会组织等各方要紧密配合，共同参与社会治理，明确自身的重要职责，为推动乡村发展贡献力量。同时，也要加强各主体间的沟通与协调，确保政策执行与项目实施的连贯性和有效性。

课堂安排

本教学案例主题鲜明、脉络清晰、问题显著，但背后所涉及的现实因素众多，相关理论丰富且深刻，为了保证达到最佳的理论联系实际的效果，并在激发研究生浓厚兴趣的基础上，引导其发现问题、界定问题、分析问题、解决问题，训练其对知识的运用"能散能收"，课堂案例教学采用循序渐进的"引导提问＋分层研讨"的方式，共需4个课时，具体教学过程如下。

第1节课：案例分析预热，即在正式引入案例之前，先抛出问题，形成问题意识和问题导向，以增强后续案例分析工作的体验感与针对性。

（1）请学生从一般层面谈谈对扶贫脱贫、社会公益活动的认识理解，再聚焦当时精准扶贫工作中的社会公益参与情况及效果，重点是面临的困难与障碍。最好请在乡镇或相关部门工作的研究生结合具体实例来谈。（10分钟）

（2）通过头脑风暴法，请学生针对现实问题，提出解决思路与对策。（25分钟）

（3）阅读案例相关附件《国务院办公厅关于进一步动员社会各方面力量参与扶贫开发的意见》《武邑县探索社会扶贫长效机制纪实》，借此熟悉国家相关政策与顶层设计，并直观感受多数地方松散低效甚至形式主义的"社会公益扶贫"，与接下来要分析的"马兰实验"形成鲜明对照。（15分钟）

第2节课：课堂领读案例并提出问题。

（1）根据案例正文，按照先后顺序逐步进行案例解读，并借助案例正文之外的文献、图片、录音等资料增强案例生动性。在案例解读中，注意提醒

和引导所要探讨的问题。（40分钟）

（2）对《案例正文》末尾的"案例思考题"进行解读，说明和强调各题的提出背景及分析要点。（10分钟）

第3—4节课：案例分析讨论。

（1）围绕问题进行分组讨论。（50分钟）

（2）各组分别阐述观点及结论。（20分钟）

（3）持有不同观点的小组之间进行辩论。（20分钟）

（4）教师进行案例分析点评。（10分钟）

课后：各组分头进行案例分析总结，并提交案例分析报告。

其他教学支持

1.可用现场调研来支撑案例分析。课外，可组织学生到案例发生地开展实地调研活动，通过与当地相关部门、世外源公司管理层、参与过公益扶贫的社会人士、村干部、农户等进行座谈访谈、问卷调查、项目考察等方式，拓展案例分析的理论深度和实践广度。

2.可邀请案例当事人（包括县乡相关部门领导、世外源公司管理层、参与公益扶贫的社会人士、村干部、代表性农户等）单独或集体来到课堂，就案例进行现场说法。

3.可采集与案例相关的音像材料（包括马兰村概况、典型产业项目、相关人员访谈等），以增强案例的生动性和鲜活性。

四、案例相关附件

案例相关附件1

国务院办公厅关于进一步动员

社会各方面力量参与扶贫开发的意见

国办发〔2014〕58号

各省、自治区、直辖市人民政府，国务院各部委、各直属机构：

广泛动员全社会力量共同参与扶贫开发，是我国扶贫开发事业的成功经验，是中国特色扶贫开发道路的重要特征。改革开放以来，各级党政机关、军队和武警部队、国有企事业单位等率先开展定点扶贫，东部发达地区与西部贫困地区结对扶贫协作，对推动社会扶贫发挥了重要引领作用。民营企业、社会组织和个人通过多种方式积极参与扶贫开发，社会扶贫日益显示出巨大发展潜力。但还存在着组织动员不够、政策支持不足、体制机制不完善等问题。为打好新时期扶贫攻坚战，进一步动员社会各方面力量参与扶贫开发，全面推进社会扶贫体制机制创新，经国务院同意，现提出以下意见：

一、总体要求和基本原则

（一）总体要求。坚持以邓小平理论、"三个代表"重要思想、科学发展观为指导，深入贯彻党的十八大和十八届二中、三中、四中全会精神，全面落实党中央、国务院关于扶贫开发的决策部署，大力弘扬社会主义核心价值观，大兴友善互助、守望相助的社会风尚，创新完善人人皆愿为、人人皆可为、人人皆能为的社会扶贫参与机制，形成政府、市场、社会协同推进的大扶贫格局。

（二）基本原则。

——坚持政府引导。健全组织动员机制，搭建社会参与平台，完善政策支撑体系，营造良好社会氛围。

——坚持多元主体。充分发挥各类市场主体、社会组织和社会各界作用，多种形式推进，形成强大合力。

——坚持群众参与。充分尊重帮扶双方意愿，促进交流互动，激发贫困群众内生动力，充分调动社会各方面力量参与扶贫的积极性。

——坚持精准扶贫。推动社会扶贫资源动员规范化、配置精准化和使用专业化，真扶贫、扶真贫，切实惠及贫困群众。

二、培育多元社会扶贫主体

（三）大力倡导民营企业扶贫。鼓励民营企业积极承担社会责任，充分激发市场活力，发挥资金、技术、市场、管理等优势，通过资源开发、产业培育、市场开拓、村企共建等多种形式到贫困地区投资兴业、培训技能、吸纳就业、捐资助贫，参与扶贫开发，发挥辐射和带动作用。

（四）积极引导社会组织扶贫。支持社会团体、基金会、民办非企业单位等各类组织积极从事扶贫开发事业。地方各级政府和有关部门要对社会组织开展扶贫活动提供信息服务、业务指导，鼓励其参与社会扶贫资源动员、配置和使用等环节，建设充满活力的社会组织参与扶贫机制。加强国际减贫交流合作。

（五）广泛动员个人扶贫。积极倡导"我为人人、人人为我"的全民公益理念，开展丰富多样的体验走访等社会实践活动，畅通社会各阶层交流交融、互帮互助的渠道。引导广大社会成员和港澳同胞、台湾同胞、华侨及海外人士，通过爱心捐赠、志愿服务、结对帮扶等多种形式参与扶贫。

（六）深化定点扶贫工作。承担定点扶贫任务的单位要发挥各自优势，多渠道筹措帮扶资源，创新帮扶形式，帮助协调解决定点扶贫地区经济社会发展中的突出问题，做到帮扶重心下移，措施到位有效，直接帮扶到县到村。定期选派优秀中青年干部挂职扶贫、驻村帮扶。定点扶贫单位负责同志要高度重视本单位定点扶贫工作，深入开展调研，加强对定点扶贫工作的组织领导。

（七）强化东西部扶贫协作。协作双方要强化协调联系机制，继续坚持开展市县结对、部门对口帮扶。注重发挥市场机制作用，按照优势互补、互利共赢、长期合作、共同发展的原则，通过政府引导、企业协作、社会帮扶、人才交流、职业培训等多种形式深化全方位扶贫协作，推动产业转型升级，促进贫困地区加快发展，带动贫困群众脱贫致富。协作双方建立定期联系机制，加大协作支持力度。加强东西部地区党政干部、专业技术人才双向挂职交流，引导人才向西部艰苦边远地区流动。各省（区、市）要根据实际情况，在本地区组织开展区域性结对帮扶工作。

三、创新参与方式

（八）开展扶贫志愿行动。鼓励和支持青年学生、专业技术人才、退休人员和社会各界人士参与扶贫志愿者行动，建立扶贫志愿者组织，构建贫困地区扶贫志愿者服务网络。组织和支持各类志愿者参与扶贫调研、支教支医、文化下乡、科技推广等扶贫活动。

（九）打造扶贫公益品牌。继续发挥"光彩事业""希望工程""母亲水窖""幸福工程""母亲健康快车""贫困地区儿童营养改善""春蕾计划""集善工程""爱心包裹""扶贫志愿者行动计划"等扶贫公益品牌效应，积极引导社会各方面资源向贫困地区聚集，动员社会各方面力量参与"雨露计划"、扶贫小额信贷和易地扶贫搬迁等扶贫开发重点项目，不断打造针对贫困地区留守妇女、儿童、老人、残疾人等特殊群体的一对一结对、手拉手帮扶等扶贫公益新品牌。

（十）构建信息服务平台。以贫困村、贫困户建档立卡信息为基础，结合集中连片特殊困难地区区域发展与扶贫攻坚规划，按照科学扶贫、精准扶贫的要求，制定不同层次、不同类别的社会扶贫项目规划，为社会扶贫提供准确的需求信息，推进扶贫资源供给与扶贫需求的有效对接，进一步提高社会扶贫资源配置与使用效率。

（十一）推进政府购买服务。加快推进面向社会购买服务，支持参与社会扶贫的各类主体通过公开竞争的方式，积极参加政府面向社会购买服务工作，政府部门择优确定扶贫项目和具体实施机构。支持社会组织承担扶贫项目的实施。

四、完善保障措施

（十二）落实优惠政策。按照国家税收法律及有关规定，全面落实扶贫捐赠税前扣除、税收减免等扶贫公益事业税收优惠政策，以及各类市场主体到贫困地区投资兴业、带动就业增收的相关支持政策。降低扶贫社会组织注册门槛，简化登记程序，对符合条件的社会组织给予公益性捐赠税前扣除资格。对积极参与扶贫开发、带动贫困群众脱贫致富、符合信贷条件的各类企业给予信贷支持，并按有关规定给予财政贴息等政策扶持。鼓励有条件的企业自主设立扶贫公益基金。

（十三）建立激励体系。以国务院扶贫开发领导小组名义定期开展社会扶贫表彰，让积极参与社会扶贫的各类主体政治上有荣誉、事业上有发展、社会上受尊重。对贡献突出的企业、社会组织和各界人士，在尊重其意愿前提下可给予项目冠名等激励措施。

（十四）加强宣传工作。把扶贫纳入基本国情教育范畴，大力弘扬社会主义核心价值观，开展扶贫系列宣传活动。创新社会扶贫宣传形式，拓宽宣传渠道，加强舆论引导，统筹推进社会扶贫先进事迹宣传报道工作，宣传最美扶贫人物，推出扶贫公益广告，倡导社会扶贫参与理念，营造扶贫济困的浓厚社会氛围。

（十五）改进管理服务。地方各级政府和有关部门要适应社会扶贫体制机制改革创新需要，深入调查研究，强化服务意识，搭建社会参与平台，提高社会扶贫工作的管理服务能力。完善定点扶贫和东西部扶贫协作工作考核评估制度。加强对社会扶贫资源筹集、配置和使用的规范管理。建立科学、透明的社会扶贫监测评估机制，推动社会扶贫实施第三方监测评估。创新监测评估方法，公开评估结果，增强社会扶贫公信力和影响力。加强贫困地区基层组织建设，开发贫困地区人力资源，提高农村致富带头人和贫困群众的创业就业能力。充分尊重贫困群众的主体地位和首创精神，把贫困地区的内生动力和外部帮扶有机结合，不断提高贫困地区和贫困群众的自我发展能力。

（十六）加强组织动员。国务院各部门和有关单位要密切合作，加强协调动员，按照职能分工落实相关政策，推进各项工作。扶贫部门要加强社会扶贫工作的组织指导和协调服务。财政、税务、金融部门要落实财税和金融支持政策措施。人力资源社会保障部门要落实挂职扶贫干部、驻村帮扶干部和专业技术人员相关待遇。民政部门要将扶贫济困作为促进慈善事业发展的重点领域，支持社会组织加强自身能力建设，提高管理和服务水平。工会、共青团、妇联、残联、工商联要发挥各自优势积极参与扶贫工作。地方各级政府要完善工作体系，建立工作机制，落实工作责任。要汇全国之力、聚各方之财、集全民之智，加快推进扶贫开发进程。

国务院办公厅

2014 年 11 月 19 日

案例相关附件 2

武邑县探索社会扶贫长效机制纪实

来源：中国经济网，2018 年 1 月 24 日

近年来，衡水市武邑县把脱贫攻坚作为头等大事来抓，如何打赢脱贫攻坚战？如何带领群众奔小康呢？武邑县围绕县情，着力创新扶贫新模式，打造了具有武邑特色的社会扶贫工作体系，引导和团结社会各种力量加入扶贫攻坚队伍，全力投入扶贫攻坚战，汇集社会力量助力脱贫，推动形成全社会关心扶贫、主动加入爱心助贫的良好氛围，形成了全社会参与扶贫的新格局。

搭建平台，构建社会扶贫格局

作为国家级贫困县，自去年以来，在全县叫响了"脱贫攻坚"的冲锋号。这两年，武邑县委县政府把脱贫攻坚作为头等民生大事，通过产业、就业、金融、基础和电商脱贫等方式帮助贫困人口摆脱贫困。去年，全县贫困村由 212 个减少至 114 个，建档立卡贫困户减少至 9756 户……

"要巩固脱贫攻坚成果，防止贫困户脱贫又返贫，仅靠政府大包大揽是不行的，需要全社会力量合力攻坚，建立扶贫开发稳定脱贫的长效机制，打造了一支'永不走'的扶贫队伍。"武邑县主要领导认为，只有充分挖掘社会扶贫的潜能，统筹各方面力量共同参与，才能形成政府、行业、社会互为支撑的大扶贫格局。

武邑县将整合社会志愿力量与精确扶贫相结合，成立了政策宣讲、农技服务、爱心救助、医疗服务、法律援助与矛盾纠纷调解、文艺宣传和巾帼志愿者等 10 个志愿者服务分队，招募了志愿者 1200 余人。由县文明办牵头建立了管理章程，并建立了"志愿者组织微信群"，广泛开展"助力脱贫攻坚志愿服务我先行"志愿扶贫活动，引导广大群众自觉为助力脱贫攻坚行动和构建和谐社会贡献力量。

聚合资源，扶贫开发勠力同心

根据县情，该县脱贫办统筹企业、社会组织在资金、市场、人脉、就业

岗位等方面的资源和财政专项资金、涉农项目资金和社会捐赠资金，把资源、资金与贫困村贫困户的"脱贫需求"有效对接，"捆绑打包"集中配置，保证资源、资金发挥最大效益。同时，该县充分运用电视、微信公众号、掌上武邑 App 等新媒体宣传社会扶贫，结合"千名干部下基层"行动，组织机关干部进村入户宣传社会扶贫。

爱心救助志愿者分队到贫困村积极开展贫困户走访慰问活动，并积极组织爱心企业为贫困家庭捐资捐物，同时，号召爱心人士积极资助贫困学子，让他们切实感受社会的温暖；文艺宣传志愿者分队精心编排一批以脱贫攻坚、扶贫扶志为主题的优秀文艺作品，走进贫困村进行巡演，教育引导广大群众树立自强不息、脱贫光荣的观念，促使他们形成自力更生、艰苦奋斗的意愿和行动；巾帼志愿者服务分队开展妇女创业就业咨询服务，"美丽庭院""巾帼致富能手"擂台赛，积极实施巾帼脱贫行动，增强妇女脱贫致富本领和自我发展能力。农技服务志愿者分队把"三农"领域作为技能发挥的主战场，当好组织者、实践者、引导者，以服务促发展，鼓励贫困户积极学习种植养殖技术，构筑产业脱贫的基础；法律援助志愿者分队开展法制宣传和提供法律咨询与法律服务，志愿者耐心地倾听百姓的咨询，增强法律意识，保护自身的合法权益；医疗服务分队开展以"送健康义诊下乡"为主题的医疗扶贫活动，医疗服务队为群众免费诊疗和测量血压等，帮助困难群众解决疑难重症，减少"因病致贫、因病返贫"现象的发生。

精准施策，确保脱贫不返贫

武邑县积极探索社会扶贫新方式，不断激发社会力量扶贫新动能。根据企业的实际情况，引导其承接不同帮扶任务。实力较强的企业帮扶脱贫任务相对较重的贫困村，开展定向帮扶；实力相对较弱的企业与脱贫任务相对较轻的贫困村开展"村企共建"、协作帮扶；农产品加工类企业引导到贫困村建基地、搞加工，开展专项帮扶。

同时，该县紧紧围绕脱贫攻坚年度目标任务，立足本地实际，力争"一个都不能少"，实现教育扶贫全覆盖。一是建立教育档案，由工作队和县教育局两条线排查，对照省市县扶贫办大数据平台，对贫困村建档立卡贫困户子女在学就读情况进行再梳理、再统计、再对比，确保对从幼儿园到大学的所有贫困学生都建立教育档案，确保无一人"因贫失学"。二是扩大保障面，目前已将高三复读生、省外大学生、民办学校大学生等五种不在上级政策保障范围里的贫困生纳入保障范围，实现了家庭经济困难学生就学过程救助"全覆盖"。三是提高标准，将义务教育阶段公办学校寄宿生救助标准提高一倍，小学每生每学期1000元，初中每生每学期1300元。四是成立教育扶贫基金会，引导社会各界捐资助学，现已收到31家爱心企业及个人捐款85.6万元，为1200多名贫困家庭学生提供了帮助。

助学帮困、就业援助、热心公益……截至目前，武邑县10个志愿者服务分队共开展志愿服务活动2000场次，服务群众2万余人次；开展法律援助、农技下乡、就业政策咨询、义诊400余人次，解决群众困难5000余个，营造了扶贫帮困促和谐的良好氛围。

第四篇

河间婚俗改革进行时：
打破婚俗"内卷"，政府如何出手

一、案例正文

河间婚俗改革进行时：

打破婚俗"内卷"，政府当如何出手

摘要：近年来，不断爆出的"天价彩礼""婚礼大操大办""婚闹事故"等问题引发公众的思考。在一些地方，婚礼成了攀比的场所，不仅让新人苦不堪言，同时也让双方的家庭陷入"危机"，甚至让那些前来贺喜的亲朋好友增加了负担。"彩礼""嫁妆""份子钱"越来越多，有钱的人借婚礼彰显气派，收获"祝福"；普通家庭的婚礼出于人情社交加之"要面子"因素，也尽量"体面"；贫困家庭则只能"硬撑"，甚至"死要面子活受罪"。这样一来，看似"轰轰烈烈"，实则造成很多人受苦，人情关系也未必因此而增进，有时反而越来越淡薄。由此，婚礼也就失去了本来的"味道"，久而久之形成一种无形的"怪圈"——可称之为婚俗"内卷"，即人们都想着能通过婚礼获得或者证明些什么，因此不断地增加其花销，但结果却是对自身生活产生了消极的影响，越来越多的人不愿陷入这种局面但却无能为力。

回顾我国发展的历程，国家对婚俗问题的解决做过不少努力，婚俗改革在不断地进行，但对于婚俗改革的看法不一，主要存在两种声音：部分人认为婚姻大事属于个人私事，政府不应该做过多的干预；部分人认为移风易俗需要借助外力，才能得到解决。事实上，婚俗问题已经成为社会的公共问题，政府作为社会治理的主体，应该发挥其应有的作用。但在推进婚俗改革的过程中，政府对于婚俗改革的价值选择、介入婚俗改革的力度、政策议程的设置、政策工具的选择以及政策方案的制定，从根本上决定着婚俗改革的效果。本教学案例便围绕这些核心问题及有关知识点进行系统深入梳理，剖析案例背后所蕴含的种种因果关系，帮助 MPA 学生在鲜活生动的具体实践探索中消化知识、运用知识、提炼知识，提升自身发现问题、分析问题和解决问题的能力。

关键词：婚俗"内卷"；公共治理；政策工具；河间市

适用主题：政府职能（政府－社会关系）；公共政策价值论；公共政策工具论；公共政策制定论；公共政策执行论

（一）引言：婚俗及其在河间的素描

近年来，婚丧嫁娶中的大操大办和互相攀比，给许多家庭造成沉重负担。社会经济的发展固然使人们生活水平提升、价值观念转变，但结婚彩礼增长的速度让很多想结婚的年轻人"望而却步"。这些问题，不仅常常让新人们苦不堪言，让亲朋们随礼负担加重，也时常让双方家庭关系紧张甚至"因婚致贫"，进而引发社会各界的广泛讨论与强烈反响。彩礼嫁妆越来越多，婚礼越来越隆重，随礼的价格越来越高，令很多年轻人和家长们"谈婚色变"，甚至出现"恐婚"的心理。特别是对于农村地区而言，整体经济发展水平较低，多数家庭收入来源单一，"彩礼"问题更是突出。儿女结婚可能需要耗费父母大半辈子的积蓄，可能还要拖欠外债，但"形势"就是这样，很多人无可奈何，只能"顺势而为"。

河间市于 2021 年 4 月成为全国首批婚俗改革实验区。河间市是一个县级市，隶属于河北省沧州市，共下辖 18 个乡镇、1 个省级经济开发区、2 个街道办事处、76 个居委会、563 个行政村，2022 年常住人口 80 万。2018 年完成地区生产总值 280.1 亿元，增长 8.3%；公共财政预算收入 11.8 亿元，增长 14.2%；城镇和农村居民人均可支配收入分别为 34054 元、14752 元，分别增长 8.3%、9.8%。河间历史悠久，文化底蕴丰厚，是《诗经》的发祥地。但随着经济的发展，在婚俗方面出现了很多的"陋习"，给人们的生活带来了很大的影响。近几年，河间市委、市政府大力推行婚俗改革，将婚俗改革当作全市重点工作来做。河间市各村通过村民协商设立村规民约，革除陈规陋习，实现婚丧事简办，减轻了农民负担，树起文明新乡风。这一治理方法群众赞同、效果明显，受到了社会各界的广泛关注。本案例选取河间市大庄村和二十里铺村作为主要研究场域，真实地记录婚俗改革前后两村婚礼习俗的变化。

（二）直面愈演愈烈的婚俗乱象

推行婚俗改革之前，河间市存在不少"天价彩礼""婚礼大操大办""铺张浪费""低俗婚闹""职业媒人"等现象，结婚娶亲异化为"面子工程"。尤其是农村家庭中，儿子结了婚，父母却成了贫困户，家庭为此负债多年，无力偿还。这不应是文明社会的现象。

1. 年轻人的"心态突变"

年轻人对婚姻的"心态突变"成为普遍的社会现象。一方面，受到城镇化的影响。据了解，河间市的大庄村和二十里铺村就是如此，两村都有将近百分之九十的青年不在家。由于农村地区资源的相对短缺，越来越多的年轻人选择到城市谋生，经过一段时间的城市生活，这些年轻人的心态就会发生改变。一部分的年轻人在城市快节奏生活的熏陶下，变得有上进心、更加吃苦耐劳，一心想要留在城市生活；一部分的年轻人在享受城市五彩缤纷的生活后，更不愿意回农村生活，相对于留守在村里的年轻人来说，他们是见过"大世面"的，有一种"优越感"；还有一部分年轻人可能处于在城市生活艰难、返乡生活又没面子的矛盾情绪之中。无论哪部分的年轻人，他们的心态都已经发生了改变，对生活有了更高的要求，由此对婚姻也有了新的认识。而另一方面，受传统婚姻价值观念以及文化水平的影响，农村的年轻人对于彩礼、结婚仪式等方面的要求更加固执。婚姻中的女方会通过高额的彩礼来凸显自己在婚姻中的重要地位，得到男方的"态度"。若是男方家境殷实，就会通过高额彩礼来获得"面子"。而对于一般家庭的男性来说，面对高额彩礼，结婚似乎成了一件难事。当两个人的婚姻以金钱作为衡量标准时，可能就失去了爱情本来的味道，以致很多的年轻人"谈婚色变"，甚至出现"恐婚"的心理。

2. "打肿脸充胖子"的后果

婚俗改革前，河间市一些乡村的婚丧嫁娶互相攀比，大操大办，铺张浪费，红白事支出成为农村家庭沉重的负担，很多家庭为此负债多年，无力偿还。例如，大庄村是个拥有650多年历史的古村，近些年，村民婚丧嫁娶的花费逐渐拉高，许多家庭不堪重负。

大庄片区党总支书记石炳启说道："他们花费高，就是高在举行婚礼的场所当中，大约花费2万到3万块钱。为什么呢？因为要宴请4天，又吹又唱，又吃又喝。而大庄村村民家庭收入主要靠种植蔬菜和苗木，大部分村民家庭并不富裕。"

大庄村村民周荣说道："农村嘛，没条件也是打肿脸充胖子，借钱也得办呗，比方说订婚，人家给6万，他家就给8万，就这么攀比。对于没有稳定收入的家庭来说，孩子结一次婚，真的是要了父母的半条命啊，那又能怎么办呢！其实你说以前农村有几个有钱的，没钱也去借，媳妇嫁过来后，也得挣钱、也得还。这样一来二去，彩礼钱、份子钱、酒席、婚车等与婚礼有关的费用，都变得越来越多，婚丧嫁娶的一些陈规陋习人人反对、人人痛恨，却又被裹挟着，不得不照办。"

大庄村村民王成先说道："彩礼高了，女方家庭的眼界就更高了，要是女方去过城市里，谁还愿意回村嫁给村里的男同志呀，村里适婚年龄的男性就更找不到媳妇了。人家有钱的家庭肯定是不在乎这个彩礼的，甚至有些女方还会陪嫁很多到男方家中，没钱的家庭就不一样了，我们村以前还有过父母把姐姐的彩礼用来给弟弟娶媳妇呢，那女方肯定是希望彩礼越高越好。"

3."低俗婚闹"时有发生

结婚是高兴的事情，理应热闹一点，但热闹不等于胡闹。河间市二十里铺村的王小兰对自己当年的婚礼情景记忆深刻：

"当时男方那边的伴郎太多了，想着法子地逗我这边的伴娘，在做游戏的时候故意有肢体的接触。后来我伴娘的男朋友生气了，双方闹得还挺不愉快，后来在一起吃了好几次饭，伴娘那边情绪才有所好转。"

结婚是个大喜的日子，大家都热热闹闹、开开心心地举办仪式，共同见证新人的爱情，而不是把粗鲁和不文明当作一种寻求快感的方式，借着新人们结婚不能拒绝和生气的习俗，进行无节制的玩弄。还有村里人提到了在结婚当天有捉弄新郎的现象：

"那都是年轻的小伙子，把人家新郎绑在树上，还用胶带把嘴封住，拿灭火器往新郎身上喷，要不是长辈们及时地制止，那新郎可遭罪了，不知道这些年轻人都从哪里想到的招数。"

其实，借着婚礼，亲朋好友们聚在一起，热闹一下，蹭蹭新郎新娘的喜气，本该是一件美好的事情。然而近些年出现的一些"闹剧"，让婚礼氛围变了味道。

4."职业媒人"的乱象

在我国农村地区，特别是经济欠发达的地方，"光棍"数量占有一定的比例，由于各种原因，一些适龄男性娶不上媳妇，成为家庭中忧心的事情。在这种情况下，职业媒人适时地充当了中间人的角色。很多家庭为了能给儿子娶上媳妇，在逐渐地接受了来自女方的各种条件时，还需要给予职业媒人相应的报酬。随着职业媒人市场需求的不断增加，职业媒人供不应求，但社会对职业媒人的监管缺失，以至于出现了很多问题。

河间市二十里铺村就曾出现过类似的事件：村民李某的儿子30多岁仍然没有找到合适的对象。最早亲戚朋友也给介绍过相亲对象，但一直没找到合适的，直到现在也一直单身，一家人非常着急。后来经人介绍认识了一位职业媒人杜某，杜某了解了李某儿子的个人情况及其家人期盼的心情后，让李某家交了会员费成为会员客户，承诺可以在较短的时间内给李某儿子安排相亲对象，帮李某找到满意的儿媳。李家因为家境富裕又盼儿媳心切，在杜某的承诺下，李家丝毫没有犹豫就交了一大笔钱。之后，杜某如约给李某儿子介绍了几个女朋友，但是因离李家所期待的儿媳相差甚远，所以也就"不欢而散"。其中甚至出现杜某刻意隐瞒一些相关信息的状况，发生了许多荒唐的事情，李家发觉事情不对劲并对杜某也越来越不满意，因此，引发了杜某与李某之间的嫌隙。李某找杜某要回会员费，却遭到了杜某的拒绝，李某心有不甘，将其告上法庭。但由于双方都是口头承诺，并没有直接的证据，不能对杜某采取法律的手段，因此，李家不仅没有给儿子找到合适的儿媳，还损失了一笔钱。

（三）多方合力推进的婚俗改革

当前，婚俗面临天价彩礼、低俗婚闹、铺张浪费等社会问题，一直困扰着人们的生活。为解决这些问题，河间市政府、村两委以及各类社会组织等形成合力共同推进婚俗改革，经多方面努力，婚俗改革呈现出崭新气象。

1. 政府：组织推进与政策干预

为推进婚俗改革，深化文明乡风建设要求，市委、市政府既需要坚持顶层设计、明确目标任务，又需要落实机制、加强指导督促。在顶层设计工作中，制定了《关于在全市城乡深入开展移风易俗工作的实施意见》，以遏制高额彩礼为突破口，明确两个时间阶段。到 2018 年年底，全市所有乡、村将移风易俗纳入村规民约，建立健全红白理事会、村民议事会、道德评议会、禁毒禁赌会等村民自治组织；到 2020 年年底，加强宣传教育，加大综合治理力度，转变婚丧嫁娶不良风气，让遏制陋习成为群众的自觉行动。①在政策实施的过程中，因为要构建"一约四会"，出现了谁来牵头落实建立的问题，哪个层级部门落实工作问题，不同层面、不同区域、不同习俗的"一约四会"是否具有普适性的问题。另外，在实施过程中又遇到一些问题，比如，如何使新人及双方父母接受新婚俗思想观念；如何让大龄未婚青年男子娶上媳妇；如何让百姓从心底接受新婚俗观念，使其从中受益；如何监督移风易俗政策的落实。一系列的问题使领导干部意识到需从纵向上强化分级分层设计，横向上压实协调联动公益和帮扶组织。

从纵向上来看，"市—乡镇—村"上下联动。一是在市级层面，出台《关于在全市城乡深入开展移风易俗工作的实施意见》《河间市婚俗改革手册》等，以推动婚俗改革工作规范化、制度化、常态化。二是在乡镇层面，制定红白理事会章程。各乡镇依据市级要求，因地制宜制定婚俗改革实施方案及红白理事会章程，建立健全大龄未婚青年信息资源共建共享工作机制。三是在村级层面，完善村规民约。各村（社区）修订完善村规民约、居民公约，明确婚嫁事宜操办流程、指导标准等，具体到在烟、酒、办事时间、规格、花费等方面做出详细规定。此外，在监督机制方面，市领导干部除了要对"零彩礼"的正面宣传，还要对违反移风易俗的领导干部进行通报曝光，

---

① 全省婚俗改革试点暨婚姻登记机关规范化建设现场观摩会在河间市召开 . 河北省民政厅官网，https://minzheng.hebei.gov.cn/detail?id=1040227.

起到"曝光一批、警示一片"的作用，倒逼领导干部带头"婚事简办"，带动民风转变。同时，建立考核通报机制，定期统计各乡镇"零彩礼"新人数量及其节约的费用，定期公布，对落后村镇点名批评，并将婚俗改革工作纳入年终的考核。

从横向上来看，压实协调联动公益和帮扶组织。公益组织依托政府的帮助建立"未婚大龄青年数据库"举办青年联谊交友活动，利用"妇女讲习所"开展婚恋新风宣传培训。帮扶组织通过"一牵、双引、三升级"工作做法，深入推进婚俗改革工作。"一牵"即建立未婚信息数据库，开展特色联谊活动，促进未婚大龄青年牵手；"双引"即以婚恋服务阵地吸引青年，以漫画、动画等方式引领青年；"三升级"即创业升级、技能升级、魅力升级，做好公益培训。这样既包括婚前的辅导，又包含婚后的调适。对于政府推进婚俗改革来说，这样既有规范性政策文件的依托，又有与其他组织的联合实施，至于其他事情，就需要村干部及其他组织的进一步落实了。

2. 村组织：全面出马与细化规约

大庄村是婚俗改革的示范村，村民以蔬菜种植和苗木培育为主要经济来源。该村村民文化程度不高，陈旧的婚俗观念根深蒂固，要想破除旧观念的束缚，推进移风易俗，需要有领导者来引导与调节。由于大庄村村委会成员大多数是退役军人，能够较其他人更快接受新事物、新思想，因此，大庄村能较快更新婚俗改革观念。村党支部书记石炳启认为，移风易俗改革要想破除陋习，婚姻家庭就得需要有人来管，那么谁来管、怎么管、标准是什么等一系列问题迎面而来。

经共同协商，大庄村领导干部制定并出台了《大庄村红白理事会改革制度》《大庄村村规民约"十要""十不准"》等村规民约，并通过村民大会、微信群、大喇叭广播、文艺表演等方式将"移风易俗、婚事新办"等规矩标准传达至全体村民。只是通知、宣传工作尚不能根治婚俗陋习，倡导破除陋习，新人新婚谁来管理？需要哪些人员来管理？针对这些问题，该村成立了红白理事会，理事会中组建思想工作组、勤杂炊事组、事务协调组来管理婚姻流程环节的问题。然而，在具体结婚过程中，婚宴的攀比、高额的彩礼、低俗的婚闹等现象仍不能有效地遏制，这愁坏了石炳启及村委会成员，怎样能有力度、有效地将结婚花费降下来，进一步减少烟酒、礼钱、宴席等花费在婚宴花销的占比。

红白理事管理新规做出明确的规定：倡导"零彩礼""低彩礼"，"低彩礼"应在 3 万元以下；婚礼上不准逗姑爷、闹媳妇；婚宴摆酒席不超过 12 桌，每桌标准不超过 350 元，采用电子礼炮；婚车 6 辆以下，其他车一律为客车；烟 10 元以下；白酒 30 元以下；直系亲属礼钱不超过 200 元，本家族人及亲朋好友礼钱不超过 100 元；红白理事会各小组负责承办宴席活动。果然，这次的新规比较有效，一场婚礼下来节省了不少费用，帮村民们省了钱，村民们都十分赞成，也非常欢喜。

不少村民质疑，婚俗改革对于男方家庭来说是件好事情，不要彩礼、宴席简办能省下不少钱，还能娶个媳妇；对于女方父母而言，每家每户的女儿出嫁时要彩礼是老祖宗传承下来的规矩，不要彩礼就丢了面子。为了进一步打破女方父母的思想观念，事务协调组提前为女方父母做思想工作，一次不行两次，两次不行三次，直到把彩礼降下来。另外，党员干部石振峰起模范带头作用，他自己的女儿出嫁不要彩礼、婚事简办；红白理事会会长王秋杰的姑娘出嫁严格按照村规民约执行，他女儿的"零彩礼"出嫁很好地响应了新风尚的婚俗改革。村民说："村里有带头，村民跟形势。"婚俗改革能帮助村民节省费用，帮助新人共建爱巢，是对男女双方都有益的事情，同时也能进一步推进移风易俗，建设社会主义新农村。

3. 志愿服务：平台创设与环境营造

正当领导干部们一筹莫展的时候，志愿服务队的呼声响起来了，解决了一直困扰的问题。志愿服务队是指在不求回报的情况下，为社会进步自愿付出个人的时间及精力做服务性工作的人们组成的群体性组织。志愿服务队出于爱心，为大龄未婚青年建立起"千禧桥"，依托政府的力量针对河间农村男多女少、城市女多男少现象，摸清大龄未婚青年数量与人口结构，建立"未婚大龄青年数据库"，成立"瀛海缘"大龄未婚青年婚恋服务中心，创办"相亲角""公益红娘群"，为适婚的青年婚恋交友牵线搭桥，举办未婚青年联谊交友活动。同时，利用活动平台开展婚恋新风宣传培训，倡导积极响应婚恋新风尚。为了青年群体能更好地接受新思想观念，志愿服务队以漫画、动画等青年人喜闻乐见的形式将其呈现给青年群体，通过婚恋交友服务阵地吸引青年，引领青年进一步打造移风易俗的新社会面貌。

解决了"成家"的问题后，如何解决"守家"的问题？这也一直让当地人们困惑。随着人们婚姻观念的转变，离婚也越来越普遍，如何让青年群体在"成家"的同时又能"守家"是一直亟待解决的问题。为此，河间市志愿服务队针对离婚问题加强婚姻家庭辅导服务，服务组织由具有心理知识、法律常识、社会工作经验的志愿者组建而成。对婚姻中涉及的矛盾冲突，服务队以促进家庭和谐为出发点，为新人展开婚前辅导、婚姻家庭关系调适等志愿服务工作；对出现婚姻危机的家庭进行离婚辅导、设置离婚冷静期、婚姻危机干预等服务。这一系列做法取得颇佳的效果，得到群众一致的好评。此外，当地还成立了婚姻家庭协会，由公益红娘、优秀妇女干部、优秀妇女代表、社会知名人士、心理咨询师、婚庆和婚恋服务机构负责人等组成。婚姻家庭协会通过举办辅导、培训、法律援助等活动，广泛开展婚姻家庭问题理论研究，为未婚青年从婚恋、结婚到婚后生活提供"一条龙"服务，确保青年群体"成家"的同时又能"守家"。

4. 新人模范：破除陋习与树立新风

在政府、村委会、志愿服务队三方共同的努力下，婚俗改革的推行得到人们的广泛认可，一些当事人转变思想观念，依照村规民约举办了自己的婚礼。河间市大庄村迎来第一位"零彩礼"新娘——刘媛。2019年4月，石佳佳和刘媛的婚期定下后，石佳佳的父母第一时间找到红白理事会负责人，提出了要响应婚俗改革的想法，在村干部与村委会的支持下，男方与女方进行沟通。由于彩礼是传统习俗，起先双方的沟通并不顺利，女方父母认为，不要彩礼一方面觉得在村里很丢面子，另一方面担忧婚后俩人生活不和谐，男方对我姑娘不珍惜、不疼爱。经过村委会成员的劝说，女方父母愿意少要彩礼，但是结婚流程是见证两个人爱情的有仪式感的载体，不能一切从简，新娘刘媛坚定地说："结婚是两个人的事情，铺张浪费不如把钱节省下来我们两个人一起创业，以后都会有收入，不需要彩礼，干吗要彩礼啊？"经过一番激烈的争吵，考虑到两人需要创业、需要资金，更需要生活，同时也在两村村委会成员及新郎石佳佳的承诺保证下，女方父母同意女儿"零彩礼"出嫁。大庄村迎来了首个"零彩礼"婚礼，该婚礼一切从简，严格执行了村规民约的标准。

为了让新人的婚礼更具仪式感，相关部门协商后，决定今后将邀请有影响力的先进人物、人大代表、道德模范等为新人举行颁发结婚证仪式，同时，市领导会定期为"零彩礼""低彩礼"新人颁发结婚证书；对践行移风易俗的群众定期举行一年一度的"最美家庭"发布会，开展评优活动，对"零彩礼"新婚家庭的模范代表给予奖金补贴；让"美好婆媳""最美新娘"的典型模范登上光荣榜，由多家媒体发表时评并刊播。河间市对移风易俗正面宣传，强化示范引领，先后涌现出一批"零彩礼"出嫁、举办集体婚礼的先进典范，受到了各界称赞。①

综合来看，河间市推进婚俗改革是一个多方合作的过程，其中，各类主体承担了不同角色，发挥了不同作用，见图4-1。

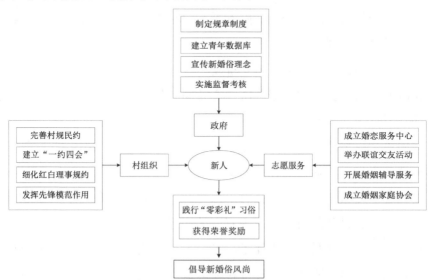

图 4-1　河间婚俗改革中的行动主体及其功能和举措

---

① 王雅楠. 农村婚礼还可以这么办：河间市婚俗改革探访 [N]. 河北日报, 2021-04-22（09）.

（四）改革成效的初现与挑战

在各方主体齐抓共管、共同努力之下，高价彩礼、大操大办、人情攀比等不良婚俗陋习得到了有效整治，呈现出"传统婚俗"向"全新婚俗"转变的崭新局面，表明婚俗改革取得了阶段性成果。但也不可否认，河间市婚俗改革正处于摸索阶段，依然面临诸多挑战，这也是下一阶段在推进婚俗改革过程中各方主体需要进一步破解的重要问题。

1. 婚俗改革初见成效

河间市针对农村婚姻嫁娶大操大办、盲目攀比成风等问题，以遏制高额彩礼、提倡婚事简办为切入点，大力推进移风易俗，深化精神文明建设，倡导简约适度的婚俗礼仪，培育文明向上的婚俗文化，采取行之有效的措施大力整治婚姻领域中的不正之风，探索出了婚嫁领域移风易俗工作的有效路径，对提升社会文明程度和群众精神面貌起到了积极作用。通过高起点谋划、高标准要求、高质量推进，全市上下崇尚文明、勤俭节约的良好风尚正在逐步形成，乡风文明建设取得初步成效。婚俗改革工作得到了当地群众的积极响应，涌现出了大庄村姑娘石静"零彩礼"出嫁，沙河桥镇杨官庄村杨蕊主动退回18万元彩礼，甘肃姑娘马巧玲、四川姑娘刘媛"零彩礼"嫁河间小伙儿，"90后"新婚夫妇槐梦丹、李志博"步行婚礼"，景和镇张兆千"零彩礼"嫁出三个女儿，新婚夫妻付广森、钟琳捐出省下的鞭炮钱等一批先进事例。这些先进事例成为群众推崇的典范，为全市树立了榜样。2019年以来，河间4238对新人中，有189对实现"零彩礼"，2783对实现"低彩礼"，每桩婚事花费比以前平均减少约10万元，这大大减轻了群众的负担。

河间市大力推进婚俗改革，走出了一条"自我管理、自我教育、自我服务、自我约束"的乡村基层善治之路，呈现出全新气象。大庄村党支部书记石炳启说道：

"通过移风易俗，在我们村能明显感到群众的快乐多了，愁容少了，他们不再被婚嫁支出所裹挟，减轻了负担。而且群众的幸福多了，烦恼也少了，新人减少了因高额彩礼为婚姻埋下的不稳定因素，增进了双方感情，巩固了婚姻和姻亲关系。除此之外，通过我们党员领导干部的积极作为，村中的新风多了，陋习少了，红白理事会充分发挥作用，破除婚嫁中铺张浪费、愚昧落后的陋习，做到了喜事新办。这些都是实行婚俗改革以来取得的明显效果，对我们村来说是一种好的转变。"

河间市在婚俗改革的道路上，先试先行、大胆实践，积累了宝贵经验，被民政部确定为第一批婚俗改革实验区，属于实至名归。①河间市取得的良好效果也被广泛报道：中央农村工作领导小组办公室秘书局、农业农村部合作指导司编印的《乡村治理动态》刊登了《河间市推进移风易俗 深化文明乡风建设》；2020 年 11 月 25 日，民政部公众号刊登《培育婚俗文化新风尚 河北河间扎实推进婚俗改革》，向全国宣传河间市婚俗改革成果；央视《焦点访谈》以"村规民约 '约' 出文明"为题，特别报道了河间市大力开展移风易俗的先进工作经验。这些都是对河间市婚俗改革工作的肯定，当地领导更是对下一阶段继续推进婚俗改革充满了信心。

图 4-2　大庄村推进移风易俗

为了为全市提供更好的婚姻工作服务，河间市于 2021 年 5 月成立了新的民政局婚姻登记处，经工作人员介绍，它是依托诗经公园，将诗经文化与新时代婚俗文化有机融合的独具特色的婚姻登记处，内部设有婚姻登记区、婚俗文化展厅、"中式"颁证厅、"西式"喜事汇、婚姻家庭辅导室、档案室等多个功能区。一对对新人走进该婚姻登记处，不仅能感受到"一体式"

---

① 全省婚俗改革试点暨婚姻登记机关规范化建设现场观摩会在河间市召开. 河北省民政厅官网，https://minzheng.hebei.gov.cn/detail?id=1040227.

的温馨服务，还能漫步于环境优美、格调高雅的诗经公园，体会到浪漫的氛围。据新人姜涛和顾雪倩回忆：

"这里设有'中式'颁证厅，我们领证时，政府领导特别为我们颁发了结婚证，我们感到十分荣幸，亲朋好友也共同见证了我们幸福的时刻，整个结婚领证过程十分隆重，具有满满的仪式感。同时，在'西式'喜事汇，婚姻登记处工作人员与亲朋好友为我们举行了简短浪漫的婚礼仪式，我们感受到了婚礼的庄严与神圣，也感受到了对婚姻的承担与责任，我们一定会携手同行，幸福生活。"

新婚姻登记处既营造了浓厚的文化氛围，又满足了婚姻当事人多样化的服务需求，大大提升了群众的幸福感和获得感，是为全市人民的婚姻幸福保驾护航的重要平台。

2. 婚俗改革依然面临诸多挑战

冰冻三尺，非一日之寒。婚俗陋习是一个地方落后的思想观念、生活习气、行为惯性的长期积淀，想要彻底革除，让新婚俗文化和形式被群众所接受，绝非易事。[①]河间市已迈出婚俗改革的重要一步并取得了初步成效，但从整体层面来看，仍然面临许多困难和挑战。

挑战一：支持婚俗改革所需的经济条件存在差异。大庄村和二十里铺村是河间市婚俗改革的典型代表地区，这些地区能够大力开展移风易俗并取得显著成效的重要原因之一是强有力的经济基础。近几年来，大庄村村两委班子大力发展集体经济，努力提高村民收入。而二十里铺村拥有两家投资亿元以上的铝型材生产企业，建成了有 40 余家摊点的钢铁市场，村民的生活水平普遍较高。在此基础上，两村村干部投入了大量的资金开展乡村建设、宣传新型婚俗文化，对于本村村民来说，彩礼的高低并不会对他们产生太大影响，因此涌现出了许多积极践行"零彩礼""低彩礼"的典型示范，他们成为该地区婚俗改革学习的榜样。但从整体上看，两村的经济发展水平不具有普遍性，对于其他普通农村地区来说，建设新型婚俗所需场所、全方位宣传

---

① 刘凌云. 婚俗改革需形成聚合力、打好组合拳 [N]. 消费日报，2021-06-09（02）.

婚俗文化并不具备稳定的资金支持，而且彩礼问题始终是备受关注的重点问题。因此，要想在更广泛的范围内推行婚俗改革，各地区经济发展水平是首要考虑的因素。

挑战二：群众思想观念难以在短时间内彻底转变。对于男方家庭来说，他们更愿意接受这种"零彩礼、低彩礼"的新婚俗标准，并且当地村民表示："新村规民约制定后，婚礼整个流程省钱、省事、省力，对我们很有利。"婚俗改革地区的女方家庭有的认为："党员代表带头执行，慢慢地，你家也这样，他家也这样，没有其他的想法了，我们也就习惯了。"但对于非婚俗改革地区的女方家庭来说，婚姻嫁娶的传统风俗文化由来已久，根深蒂固，他们与受新婚俗影响的改革地区家庭相比，难以在短时间内接受这种新婚俗观念与形式。因此，转变男女双方家庭的思维，使其都接受这种新婚俗风尚，是未来普遍推行婚俗改革的挑战之一。

挑战三：村规民约难以对全体村民产生普遍约束。河间市政府对于党员干部在婚姻嫁娶领域中的行为做出了严格规定，强调通过党员干部的引导示范带动社会民风转变，这对于党员干部来说具有很好的约束力，但对于普通群众而言，村规民约中并没有对他们不履行新婚俗标准的行为做出规定，对于村中的绝大部分群体不会产生太大的约束，随意性依然很大。有村民认为，他们正处于接受新婚俗的初始阶段，有的党员干部都没有落实执行新婚俗，况且他们只是普通群众，不严格按照新标准执行对他们来说不会有太大影响，只要不大操大办就没有太大的问题。在这种情况下，群众受不到惩罚，就不会对自身行为产生约束力，部分村民仍然存在侥幸心理。因此，避免群众钻漏洞，形成对全体群众都具有普遍约束力的规定，是下一阶段需要解决的难题。

挑战四：具体改革标准缺乏灵活性及干预过多。河间市各村都建立了红白理事会，在红事上对宴请的宾客数量以及鞭炮、烟酒、车队的费用都做出了明确规定，不少村民对此表示，这种要求过于刚性化，他们对自己能否根据自己家庭实际情况做出调整存在质疑，而且红白理事会会长在男女双方谈婚论嫁的初始阶段就多次走访，全程跟踪，这不免会触及双方家庭不愿公开的隐私话题，使双方家庭产生抵触心理。在大多数村民看来，领导干部对婚嫁领域干预得过多，他们在短时间内难以接受，对于他们来说，他们更希望的是各级领导在制定婚俗改革政策措施时将群众自身的实际情况考虑在内。因此，在以群众实际情况为出发点的基础上破除婚俗陋习，调整过于刚性化的改革标准并把握好干预的尺度，这是开展婚俗改革工作必须重视的关键一环。

（五）展望：婚俗改革的进路何在

"关关雎鸠，在河之洲。窈窕淑女，君子好逑。"幸福的婚姻绝不是建立在金钱与形式的基础之上，夫妻双方能够风雨同舟、相濡以沫、互敬互爱才是幸福生活的根本所在，因此彩礼的高低、婚事的繁简并不会影响婚姻生活，关键在于如何转变传统的婚俗观念，接受新婚俗形式。河间市以遏制高额彩礼、提倡婚事简办为切入点，以"传承发展中华优秀婚姻家庭文化，倡导全社会形成婚事新办简办文明新风"和"注重家庭家风家教建设"为婚姻家庭理念，并以建立全国婚俗改革实验区为契机，在全省范围内推广已有的成功经验，形成了绚烂多彩的婚俗文化，为全面推进婚俗改革工作树了标杆、做了示范。

河间市既要积极总结本地区成功的改革经验并广泛推广，又要妥善解决面临的各种挑战，使其独具特色的改革模式与特点可以为其他地区提供借鉴，以此来发挥婚俗改革实验区的应有价值。而在进一步推进婚俗改革的过程中，如何把握政府干预的强度和力度，处理好政府干预与社会自治的关系？如何营造一种舆论氛围，更好地转变全体群众的思想观念以使其接受新婚俗？针对不践行新婚俗的群众，如何形成具有普遍约束力的惩戒措施？如何针对不同层面、不同习俗的地区分级分层分类开展婚俗改革工作？如何建立一种既灵活又适用的改革标准？如何进一步强化公益服务，提升志愿性组织在助力婚俗改革过程中的作用？不同发展水平的地区如何开展婚俗改革？各方主体如何形成一种协调联动机制，更好地保障婚俗改革成效？如何将婚俗改革工作更好地纳入各地社会治理的格局中……这些都是要我们考虑的重要问题，在解决这些问题的过程中对已有的经验进行适当调适，找到全面推行婚俗改革的关键路径和着力点，从而使社会形成追求婚恋"新风尚"的全新面貌。

结婚率不断下降，离婚率则高攀不下，一些莫名的恐婚情绪存在于年轻人群体中。当婚恋变成百元钞票称斤论两，当婚宴变成攀比炫耀、铺张浪费的秀场，当婚礼变成绑新郎、搂伴娘的闹剧……婚俗正被卷入一场未知结果的漩涡之中。年轻人的婚姻大事，如何才能回归到"爱"与"责任"的真正内涵中……

二、案例思考题（根据课程及授课章节与内容选择使用）

1. 如何理解婚俗的历史与现实意义？如何看待婚俗"内卷"现象？如何把握婚俗改革的关键要素？

2. 河间市推行婚俗改革是基于何种总体构想、行动框架和系统举措？

3. 河间市在推行婚俗改革过程中运用了哪些政策工具？这些政策工具是如何组合并发挥作用的？

4. 如何从政策工具角度评价河间市推行婚俗改革过程中的政策工具运用的合理性与不足？如何提升自愿性政策工具的有效性？

5. 结合政府与社会的关系，如何把握婚俗改革过程中的政策干预强度及边界？

三、案例说明书

河间婚俗改革进行时：
打破婚俗"内卷"，政府当如何出手

课前准备

1. 知识准备：教师在使用本案例开展教学活动时，应根据案例适用的课程及章节内容，选择性地支持学生学习掌握与政府职能（尤其是政府与社会的关系）、公共政策价值、政策工具选择等有关的理论知识，实现理论密切联系实际，避免蜻蜓点水式的就事论事分析。

2. 资料准备：《公共管理学》《公共政策分析》教科书及有关教学资料（学生自备）；案例手册（统一印制，人手一份）；复印有关的新闻资料（统一印制，人手一份）。

3. 器材准备：多媒体设备；笔记本电脑；教学白板；大白纸及笔若干。

适用对象

由于公共管理学、公共政策分析课程是 MPA 的学位核心课程，公共管理与公共政策分析能力是各方向 MPA 学生均应具备的通用素质，因此该案例适用于所有方向的 MPA 学生。

教学目标

1. 知识理解。通过将所学有关理论知识应用于该案例分析，从而达到对知识的理解、消化和吸收的目的。

2. 学以致用。提高学生运用所学知识发现、分析和解决公共管理与公共政策问题的实践能力。

3. 思维训练。结合案例、运用知识，在分析中训练和提升逻辑思维能力，提高学生推理判断的合理性和缜密性，使其思维方式逐渐条理化、系统化、结构化。

4. 综合提高。通过案例分析，综合提高学生的语言表达、交流沟通、要义提炼等能力。

本案例涉及的公共管理、公共政策分析课程的知识点主要包括：

（1）公共政策——公共权力机关经由政治过程所选择和制定的为解决公共问题、达成公共目标、以实现公共利益的方案；

（2）公共问题——涉及公众利益的社会问题；

（3）政策议程——将政策问题纳入政治或政策机构实施的行动计划中的过程；

（4）政策工具——各类政策工具各自的特点、优点、缺点、局限性和适用情形，政策工具选择的影响因素和策略；

（5）公共政策功能论——政府与社会的关系及其在社会条件下的政府职能定位；

（6）公共政策价值论——价值取向在政策活动中的作用，公共政策的主要价值观，政策价值论辩及其原则；

要点分析

1. 如何理解婚俗的历史与现实意义？如何看待婚俗"内卷"现象？如何把握婚俗改革的关键要素？

（1）婚俗的历史与现实意义

婚俗，是一个民族在长期的历史演变中形成的婚姻习俗，以有规律性的活动约束人们的婚姻行为和婚姻意识。婚俗的约束力，不依靠法律，也不依靠科学的验证，而是依靠习惯势力、民族心理和传统文化。中国婚俗受传统伦理思想的影响，对人们具有较强的道德教化和行为约束功能。[①] 随着社会变革与时间推移，婚俗作为生活方式的一种反映被刻上了时代烙印，其现实社会意义值得我们关注。首先，随着婚俗的不断变化，传统婚俗中的精华部分被保留，现代婚俗更加尊重女性在婚姻中的角色和地位，两性冲突在婚俗中越来越少，结成的婚姻更加美满，这有利于社会和谐，产生更多的积极影响。其次，中国婚俗有着深厚的文化底蕴和悠久的历史基础，人们通过丰富多彩的婚俗能够了解到本地区独特的文化习俗，同时婚俗又和饮食、宴请、社交等生活片段相结合，具有娱乐性和趣味性，从而丰富人们的物质文化生活。

（2）婚俗"内卷"现象

通过对河间市婚俗整体情况以及对大庄村、二十里铺村两个村庄婚俗典型情况的了解，现阶段的婚俗总体上主要存在几方面的问题：彩礼方面，近几年持续攀高，并且彩礼的高低与家庭的经济水平之间的关系出现"异化"；

---

① 蒋宁.传统婚俗的功能及意义[J].明日风尚，2017（9）.

婚礼仪式与"婚闹"方面，繁冗复杂，严重偏离婚礼举办的初衷，并且大家从中并无收益，反而备受折磨；婚礼花费方面，高级婚车、摄影、主持以及餐厅等，大操大办、铺张浪费严重，助长社会不良风气。这些方面所形成的社会现象以及现象所产生的影响，揭示出了婚俗陷入"内卷"的困境，即人们都想着能通过婚礼获得或者证明些什么，因此不断地增进其花销，一场"轰轰烈烈"的婚礼背后，其实是很多人的辛苦付出没有获得想要的效果，婚礼失去了本来的"味道"，人情关系也未必因此而增进，有时反而越来越淡薄，人们过分地追求物质所带来的"精神享受"，越来越多的人不愿陷入这种局面但又无能为力。

（3）婚俗改革的关键要素

历史与现实经验告诉我们，任何强制性的措施恐怕难以真正取得实效，反而有可能激起民意反弹，酿成公共事件。因此，推进婚俗改革既不能急于求成，也不能过于笼统，要准确把握其中的关键因素。首先，确定婚俗改革的实施主体是推进婚俗改革的基础，解决"谁来管"的问题，婚俗虽涉及个人的隐私，但现阶段已经上升为公共问题，推进婚俗改革，政府义不容辞，同时社会志愿组织与其他部门也要密切配合，三方形成合力共同推进婚俗改革；其次，找准婚俗改革的对象是推进婚俗改革的前提，解决"管谁"的问题，做好婚姻登记信息补录工作，及时更新人口婚姻状况信息，筛选出适龄结婚人员，能够提高婚俗改革工作的效率；再次，运用好政策工具是推进婚俗改革的保障，解决"怎么管"的问题，做好强制性政策工具、自愿性政策工具与混合性政策工具的组合与衔接，发挥政策工具的最佳效用；最后，明晰婚俗改革的内容是推进婚俗改革的关键，解决"管什么"的问题，高额彩礼、铺张浪费、仪式奢华、低俗婚闹等与民生息息相关的婚俗陋习都应纳入婚俗改革的内容中。

2.河间市推行婚俗改革是基于何种总体构想、行动框架和系统举措？

婚俗改革前，河间市农村的喜事大操大办、铺张浪费以及高额彩礼等现象愈演愈烈，婚嫁领域的支出成了农民群众沉重的负担。为有效解决这些老百姓的揪心事、烦心事、操心事，河间市靠党组织发声和推动，大力推进移风易俗，深化文明乡风建设。以"坚持顶层设计、明确目标任务，抓好典型示范、营造浓厚氛围，建立健全机制、加强指导监督，创新工作举措、建设文明乡风"为总体构想，建立了包含"压实立体组织体系""强化分级分层设计""构建刚性链条机制""狠抓正反两面典型"在内的"四位一体"的行动框架。

首先，通过压实立体组织体系，能够着力解决陈规陋习"没人管"的问题。河间市始终把推进婚俗改革、深化文明乡风建设列入市委、市政府重大议事议程，举全市之力推动婚俗改革。一是在纵向上，建全上下贯通领导机制和自治组织。在领导组织层面，成立由市、乡、村三级书记任组长的婚俗改革工作领导小组，层层制定实施方案，定期分析研判，协调解决重点、难点问题，狠抓推进落实；在自治组织方面，全市行政村、居委会全部建立红白理事会等村民自治组织。二是在横向上，压实协调联动公益和帮扶组织。在公益组织方面，针对农村男多女少、城市女多男少现象，摸清河间大龄未婚青年底数和人口结构；在帮扶组织方面，通过"一牵、双引、三升级"工作法，深入推进婚俗改革工作。

其次，通过强化分级分层设计，能够着力解决标准趋同"欠规范"的问题。河间市坚持规划引领，针对不同层面、不同区域、不同习俗分级分层设计，用"村规民约"管人管事、维护公序良俗。一是在市级层面，制定规章制度，制定《关于在全市城乡深入开展移风易俗工作的实施意见》《河间市婚俗改革手册》；二是在乡镇层面，制定红白理事会章程，各乡镇（街道）根据市级要求，因地制宜制定婚俗改革实施方案和红白理事会章程；三是在村（社区）层面，完善村规民约；四是创新婚姻登记阵地。

再次，通过构建刚性链条机制，能够着力解决忽冷忽热、"不常态"的问题。河间市制定农村"两委"婚俗改革工作机制，推动各村红白理事会工作实现制度化、规范化、常态化。一是建立红白理事会理事长"事前走访、相互沟通、办事承诺"机制，按照婚嫁事宜一切从简、文明理事原则，红白理事会制定本村标准和操作流程，实行事前报告和办理登记制度，确保依法依规办事；二是创立"1245"移风易俗监督机制，明确基层纪检委员1个管理主体，发放操办婚庆事宜任务清单，明确及时提醒操办人按照要求进行报告备案、对操办相关事宜进行现场监督、提醒有关人员按照有关规定对相关事宜进行规范、督促村"两委"对本村操办有关事宜进行规范等4项监督内容措施和工作程序，发挥基层纪检委员"协助、教育、提醒、监督、报告"5项工作职责。

最后，通过狠抓正反两面典型，能够着力解决示范引领"缺导向"的问题。一方面，通过正面宣传强化示范引领；另一方面，通过反面曝光强化警示震慑。市纪委监委严格规范党员领导干部婚事操办事宜，要求党员干部带头做好婚俗改革、勤俭节约、文明办事的倡导者和推动者。对违反相关规定的党员干部进行通报曝光，起到"曝光一批、警示一片"的作用，倒逼党员干部带头"婚事简办"，带动民风转变。同时，建立考核通报机制，定期统计各乡镇"零彩礼"新人数量及其节约的费用，定期公布，对落后乡镇、村点名批评，将各乡镇（街道）婚俗改革工作纳入年终考核。

3. 河间市在推行婚俗改革过程中运用了哪些政策工具？这些政策工具是如何组合并发挥作用的？

推行婚俗改革和提高农村公共事务治理水平，对于政府来说是重要的治理工作。在治理工作中需要利用各种政策工具辅助政府推行改革，以达到婚俗良好的婚俗改革治理目标。依据政府在提供公共服务过程中介入程度的高低，政策工具可以分为三类：强制性政策工具、自愿性政策工具、混合性政策工具。结合当前国家倡导推行的婚俗改革政策，河间实验区对上述政策工具均有涉及，在执行过程中，政策工具的运用对推行婚俗改革、破除陈规陋俗起着直接性作用，能较强地提高农村治理的水平。

强制性政策工具——主导作用：河间政府把遏制高额彩礼作为婚俗改革工作的主要突破口，通过制定规章制度、成立"一约四会"、加强宣传教育等方式推行婚俗改革。市政府层面制定规章制度，出台相关的婚俗改革文件及手册，通过婚姻登记处、展示墙等来加强婚俗改革宣传工作；乡镇政府层面制定红白理事会章程，建立共享工作机制，统一降低婚嫁标准；村中修订村规民约，明确结婚事宜操办流程、指导标准等，全面做出详细的规定助力实行改革。在婚俗改革过程中，政府协调、掌握和配置公共资源，是婚俗改革的主导力量，自然形成了国家支持、政府主导、村民参与的新型农村治理格局。

自愿性政策工具——助推作用：自愿性政策工具主要包括家庭社区、志愿组织、市场等三类，都是在自愿的基础上提供公共服务以解决社会公共问题。在河间婚俗改革过程中，针对职业媒人的弊端以及青年群体"成家"及"守家"的问题，河间市社会爱心人士建立婚姻家庭志愿服务队，由公益红娘、法律常识人士、心理咨询师等人员组成，开展联谊交友活动及婚姻家庭问题的咨询服务工作，为未婚青年从婚恋到婚后生活提供"一条龙"服务，确保青年群体"成家"的同时又能"守家"，为婚俗改革建设起到助推作用。志愿服务队既能帮助政府解决公共问题，又可以延伸到政府忽视的领域，与政府形成互补之势，共同推动移风易俗工作的开展。

混合性政策工具——辅助作用：混合性工具结合了自愿性工具与强制性工具的特征及优点，通常包括信息传播、规劝、补贴等主要工具。在婚俗改革过程中，破除陈旧习俗除了需要依托政府的规章制度的刚性方式，还需政府补贴奖励、规劝调解等混合性方式。对结婚事宜中新人父母难达成共识的问题，村委会成员进行及时的规劝调节以缓解双方矛盾冲突。为积极引导移风易俗，倡导文明新风尚，对典型示范家庭开展评优活动，给予"零彩礼"的新婚家庭及文明家风的模范新人奖金补贴；让"美好婆媳""最美新娘"的模范登上光荣榜，并由多家媒体刊播、发表时评，强化正面宣传示范引领作用。混合性工具的使用为进一步推行婚俗改革减缓了阻力。

4. 如何从政策工具角度评价河间市推行婚俗改革过程中的政策工具运用的合理性与不足？如何提升自愿性政策工具的有效性？

河间市在推行婚俗改革的过程中，主要运用了强制性政策工具、自愿性政策工具、混合性政策工具三类，多措并举，形成了聚合力，起到了管理与推动作用，但从实际情况考虑出发，又存在一定的不足之处。

从强制性政策工具来看，主要发挥了规章、工作规范等管制性手段在婚俗改革中的指导和约束作用。针对婚俗改革，河间市政府制定了诸多政策文件，并强调"一约四会"的作用，这些都依靠政府的权威和强制力形成，要求婚俗改革中的主体和对象必须严格遵守，否则就会受到惩罚。凭借所拥有的权威和资源，河间市政府及其领导干部可以较容易地对本地区的婚俗陋习实施管理，各地在婚嫁过程中会严格执行规章制度中所规定的标准和要求，效果具有直接性且更易见效，因此不断涌现出践行新婚俗的典型示范。但从所制定的规章制度的内容上看，河间市对婚事有关的各种事项都做出了明确规定，这种规定可以提高村规民约的可操作性，但干预的过多、过严也不可避免地忽视了群众的自愿性，使婚俗改革过于刻板而缺乏灵活性。

从自愿性政策工具来看，充分发挥了志愿服务队在婚俗改革中的服务性作用。在推进婚俗改革的过程中，志愿服务队在解决大龄青年"找对象"难、为新人开展婚前辅导和调适婚姻家庭关系中起到了关键作用。他们为群众提供的服务是建立在自觉自愿的基础上的，这种服务是可靠的和低成本的，具有灵活性和回应性，能够满足大龄青年和新人的需要，而且他们也是政府开展婚俗改革工作的重要帮手，既能配合好政府在全市开展婚俗改革工作，又能减轻政府在此方面的负担，是一种必不可少的选择方式。但是这些志愿服务队是否在本地区具有可持续性是要考虑的重要问题，他们是在自觉自愿的基础上成立的，当其中的成员面临较大的社会压力和竞争时，可能会没有时间和资源去从事相关的婚俗改革服务，这便会对婚俗改革在此方面的开展产生阻力。

从混合性政策工具来看，发挥了信息传播与规劝、奖励补贴等手段在婚俗改革中的宣传与激励作用。河间市开展了广泛的婚俗改革宣传引导工作，并为新婚俗典型模范提供奖励，这些做法在一定程度上既能够使婚俗改革工作深入推进，又能通过正面引导，营造一种婚恋"新风尚"。作为一种较为民主的手段，这种政策工具容易使用且较稳定，有利于提高群众对新时代推行婚俗改革重要性和必要性的理解，强化先进典型的示范引领作用。但信息传播与规劝只是希望或建议男女双方家庭做某事，而没有实际上要求他们做某事，因此它的效果是有限的。另外，若要对每一对践行新婚俗的家庭实施奖励，便要有大量的资金投入，这会给政府带来沉重的财政压力，这是在推行婚俗改革过程中不得不考虑的问题。

在本案例中，志愿服务队开展的相关活动是自愿性政策工具的具体运用，要全面发挥他们在推动婚俗改革中的作用，提升其有效性，需要建立完善的志愿服务体系促进志愿服务的常态化与可持续发展。[①] 一方面，加强婚俗改革志愿组织建设，提升管理与服务能力。明确规定所组建的志愿服务队的目标与使命，以获取群众的广泛支持和认同；在内部实行明确的分工，合理划分权责，以确保志愿服务队的有效运作，提升服务效率；制定科学的管理流程，保障能够合理调配与使用志愿资源，避免资源的浪费。另一方面，加强政府政策支持的力度，提供体制与机制保障，为志愿服务创建良好的制度保障。建立完善志愿者权益保障机制，消除志愿者的后顾之忧，提升他们在开展婚姻服务中的积极性；建立人性化的志愿服务激励机制，为志愿者提供强有力的动力支持，保证志愿行动的可持续性。

5.结合政府与社会的关系，如何把握婚俗改革过程中的政策干预强度及边界？

一般认为，在政府与社会的关系中，政府扮演"掌舵者"的角色，社会充当"划桨者"的角色，政府凭借在社会中的权威地位，通过一系列的政策设计、资源配置等活动对各种社会问题进行管理并提供公共服务。现代社会要求政府的准确定位是构建一种服务型政府，这就要求在婚俗改革的过程中，政府针对已有的婚俗陋习确定基本的改革方向，并按照群众的意愿和要求为社会提供基本的改革服务，以回应群众和社会的需求为职能定位，最终达到解决婚俗陋习、获得群众满意的目标。

作为婚俗改革的主要推动力量，政府的政策干预程度会影响群众在婚俗改革中的配合度和敏感性，在婚嫁领域中确定的标准过多过严，群众容易产生抵触情绪，不利于婚俗改革的全面开展。这就要求政府在把握婚俗改革基本方向的基础上，将群众的实际需求与接受程度考虑在内。适龄青年是婚俗改革的主要针对对象，在一定程度上可以认为：婚礼怎么办，关键在新人；

[①] 党秀云.论志愿服务的常态化与可持续发展[J].中国行政管理，2011（3）.

婚俗怎么变，关键看青年，新一代年轻人更具有破旧立新的精神，也更具有移风易俗的勇气，他们的抉择在很大程度上与婚俗改革成效相关。[①]因此，要推进婚俗改革，政府需牢牢抓紧年轻人的实际需要，把握好政策干预的力度和边界，对婚俗陋习"应管尽管"，形成健康婚俗风气；对私人问题不宜过多干涉，表明相关要求，加以引导，由双方家庭自主决定；对婚嫁领域中的各项要求应因地制宜，制定标准时将家庭实际情况考虑在内，使其富有弹性和可操作性。[②]

课堂安排

本教学案例主题鲜明、脉络清晰、问题显著，但背后所涉及的现实因素众多，相关理论丰富且深刻，为了保证达到最佳的理论联系实际的效果，并在激发学生浓厚兴趣的基础上，引导其发现问题、界定问题、分析问题、解决问题，训练其对知识的运用"能散能收"，课堂案例教学采用循序渐进的"引导提问 + 分层研讨"的方式，共需 4 个课时，具体教学过程如下。

第 1—2 节课：课堂领读案例，并分层提问及分层讨论。

向每位学生分发案例手册，配套分发与该案例有关的、不同时间、不同内容的新闻资料，人手一份。要求学生按教师要求的节奏阅读案例正文（不能一次性通读完所有资料），对相关新闻资料也应逐份阅读（不能一次性全部阅读完）。

1. 阅读案例正文第 1 部分（引言：婚俗及其在河间的素描）及第 2 部分（直面愈演愈烈的婚俗乱象）及相关新闻材料（《贪财女婚前要 50 万彩礼 离婚后被判全额返还》，《燕赵晚报》，2015 年 5 月 5 日；《婚礼现场新娘被臭鸡蛋砸进医院，新郎堵住婚闹者：一个也别想跑》，网易新闻，2020 年 12 月 14 日）。

阅读时间：10 分钟。

阅后提问：（可根据问题内容，将每个问题向一个或多个学生提问）

[①] 刘凌云. 婚俗改革需形成聚合力、打好组合拳 [N]. 消费日报，2021-06-09（02）.

[②] 王森. 婚俗改革：管住该管的，引导不好管的 [N]. 深圳特区报，2018-12-03（02）.

（1）案例正文的引言和第 2 部分主要说的什么事情？

（2）你知道你们地区的彩礼大约都是多少吗？有没有发现过身边类似的事情？

（3）作为一名普通市民（假设你不是政府公务员，也不是 MPA 学生），看到河间市的案例，有何感想？（学生回答后进一步追问）你觉得婚俗的问题严重吗？作为市民，你对此有没有担忧？

（4）班里同学按照性别分为两组，站在各自的角度，来说一下对婚俗的想法？

（5）假设你是政府公务员，你觉得政府该不该管理婚俗问题？阐释相应的理由。

2. 阅读案例正文第 3 部分（多方合力推进的婚俗改革）及相关新闻材料（《河间入围全国婚俗改革实验区》，沧州市人民政府网，2021 年 4 月 12 日；《培育婚俗文化新风尚 河北河间扎实推进婚俗改革》，民政部官方澎湃号，2020 年 11 月 25 日）。

阅读时间：10 分钟。

阅后提问：（可根据问题内容，将每个问题向一个或多个学生提问）

（1）案例正文第 3 部分主要说的什么事情？

（2）你认为婚俗改革的关键主体是谁？

（3）河间市推进婚俗改革过程中出现了哪几个外力？

（4）分别说出几个外力的主要做法以及都起到了什么作用？

3. 阅读案例正文第 4 部分（改革成效的初现与挑战）及相关新闻材料（《全省唯一！河间市成为全国婚俗改革实验区》，河北新闻网，2021 年 4 月 13 日）。

阅读时间：10 分钟。

阅后提问：（可根据问题内容，将每个问题向一个或多个学生提问）

（1）案例正文第 4 部分主要说的什么事情？

（2）你觉得河间市的婚俗改革成效如何？

（3）你觉得案例中提到的挑战有普遍意义吗？你还能想到其他挑战吗？

4.阅读案例正文第 5 部分（展望：婚俗改革的进路何在）。

阅读时间：10 分钟。

阅后提问：（可根据问题内容，将每个问题向一个或多个学生提问）

（1）案例正文的第 5 部分主要说的什么事情？

（2）你认为婚俗改革应该大范围的继续推广吗？说明理由。

（3）你对于婚俗改革有更好的想法吗？

第 3 节课：围绕案例问题进行分组研讨。

第 4 节课：分组陈述及组间辩论。

课后：各组分头进行案例分析总结，并提交案例分析报告。

其他教学支持

1.可用调研来支撑案例分析。课外，可组织学生就婚俗改革相关问题开展问卷调查、现场访谈甚至外出考察，以拓展案例分析的理论深度和实践广度。

2.可邀请本地（或有关城市）相关部门工作人员来到课堂，就案例进行现场说法。

3.可采集本市及其他城市婚俗风尚、推进婚俗改革的相关音像材料，以增强案例的生动性和鲜活性。

四、案例相关附件

案例相关附件 1

贪财女婚前要 50 万彩礼 离婚后被判全额返还

来源：燕赵晚报，2015 年 5 月 5 日

婚前，男方应女方要求给付 50 万巨额彩礼，女方主动提出签署协议：3 年内如果离婚女方愿退回全部彩礼。然而，双方结婚仅两个多月，认为法律不会认可这一纸协议的女方便提出离婚，并起诉到法院。近日，河间市人民法院审结了这起特殊的离婚案件，判决女方根据婚前协议返还全部彩礼。

贪财女违心出嫁 双方签彩礼返还协议

在沧州河间市打工的 27 岁女子张某（籍贯为贵州省贵阳市）有过一次不幸的婚姻，家庭困难，刚刚与贵州老家的丈夫尹某离婚，心中暗暗思量：在河间这地方，一些人家生活富裕，在这找一个家庭富裕的郎君多好。机会来了，经同事介绍，她很快与河间市 28 岁的青年农民李某相识，张某向李某提出 50 万元彩礼的要求。李某家境殷实，但至今没有娶到媳妇，看到如花似玉的张某，虽对巨额彩礼有所顾虑，但最终还是答应了张某的要求。

去年 11 月份，两人领取结婚证。在领取结婚证前夕，媒人再次征询张某的意见，称如果感觉两人不合适，就不要勉强结婚。为了让媒人和男方放心，张某信誓旦旦了一番，为表示真心还主动提出，可以签署一份彩礼约定返还协议，并当即写下保证书，内容为：双方系自愿结婚，与他人无关，男方给付彩礼 50 万元，如果双方婚姻维持不满 3 年，愿意全款退回。作为见证人的媒人在保证书上也签了字。之后，双方举行了较为盛大的结婚仪式。

然而，婚后仅两个月，张某便以夫妻感情不和为由向法院提起诉讼，要求与李某离婚。而李某也表示同意离婚。李某在法庭上陈述称，结婚两个月来，二人虽名义上同居生活，但妻子总是以各种理由拒绝与李某亲近，二人从未行夫妻之实。张某则称，自己过惯了苦日子，婚前认为夫家家境好，自己可以忍受没有爱情的婚姻。可结婚后思忖，难道金钱可以买到一切吗？自己一辈子就这样过下去了吗？想来想去，感觉越来越亏。后又听人说，根据婚姻法相关解释，只要夫妻结婚后共同生活，彩礼就无须退还。最终打定主意，一纸诉状将李某告上法庭，诉请离婚。

感情不和要离婚 法院判返还全部彩礼

夫妻二人均同意离婚，但就彩礼返还出现了意见分歧。原告张某认为，彩礼返还协议对婚姻这种人身关系进行了约定，违反了婚姻自由原则，该协议无效。根据婚姻法相关解释规定：当事人请求返还按照习俗给付的彩礼的，如果查明属于以下情形，人民法院应当予以支持，即双方未办理结婚登记手续的；双方办理结婚登记手续但却未共同生活的；婚前给付并导致给付人生活困难的。本案不符合以上彩礼返还的法定情形。故原告不同意返还彩礼。被告李某则表示，不返还彩礼，就不同意离婚。

河间市人民法院经审理认为，当事人均认可该协议属于自己真实意思的表示，并不违背意思自治原则，同时也不违背婚姻自由原则。因为婚姻自由包括结婚自由和离婚自由。该协议约定婚姻维持不满三年返还彩礼之内容，并未涉及强迫结婚或不得离婚之类的关于人身自由权利的处分。加之该协议系以正当关系之维持为目的，不违背公序良俗，不违反法律的强制性规定，故该协议有效。司法解释虽然列举了彩礼返还的几种情形，但并未排除其他合法情形。综上，依据诚实信用等民法基本原则，法院对被告要求返还彩礼的主张予以支持。

主审法官贾海雄提示，婚姻本以感情为基础，索要彩礼之类的陋习换不来爱情，也锁不住婚姻，它只能给当事人带来麻烦，造成更大的悲剧。

案例相关附件 2

新娘婚礼现场被臭鸡蛋砸进医院，新郎堵住婚闹者：一个也别想跑

来源：网易新闻，2020 年 12 月 14 日

如今婚闹应该越来越少了，但还是有些地区保留着婚闹的习俗。婚礼的确需要搞气氛，热热闹闹的，做一些小游戏，要一些喜糖，沾一些喜气，这无可厚非。

但偏偏有一些人，非常喜欢在别人的婚礼上胡作非为，搞出一些事情来，甚至导致婚礼变成悲剧。

而这些人还不觉得自己有错，还觉得婚礼就应该这样。闹出了问题，他们又开始推脱责任，甚至把责任反扣在新郎、新娘两家的头上，说对方开不起玩笑，过于小气。

婚礼不闹不热闹，婚礼不闹不喜庆，成为婚闹者的万能挡箭牌，也成为这些思想龌龊、品行败坏之人的遮羞布。

我说婚闹者是"思想龌龊、品行败坏"，并非我无中生有，上纲上线，你且听我仔细分析。

婚闹，其实从一开始并非恶性事件，婚闹其实也不是真的不可以。

就如我刚开头说的那样，只是一种习俗，也是一种婚礼中必不可少的环节，为的就是图个热闹，不管是新人还是来宾，大家图个高兴。

就比如说现在还保留的婚闹环节，如接亲堵门、伴娘刁难新郎、藏起婚鞋让新郎找、设计一些关卡要求伴郎和新郎冲关等，不雅但也不俗，更谈不上过分，所以大家都乐于接受，也可以玩得不亦乐乎，新娘新郎不会排斥，也娱乐了大众。

这才是风气正的婚闹，这样的婚闹，闹一闹的确是很热闹，它当然可以有。

而那些该废除的、恶俗的、低俗的婚闹，放眼一看全部都建立在侮辱尊严、折磨新人之上，没有底线，没有道德约束。

就比如从前乡村婚嫁文化中的"扒灰"传统，年纪大的或许都还见过，把新媳妇和老公公凑到一块儿戏弄，喜欢看这种恶俗桥段的人，你能说这不是一群思想龌龊的人？

再比如说，前几年有出过的一个新闻，婚闹的人寒冬腊月把新郎扒光了绑在电线杆上，最终导致新郎一命呜呼，一件喜事变成人间惨剧，喜欢做这种恶劣行为的人，你能说这不是品性恶劣的人？

明明平时都人模人样，可到了别人的婚礼上，借着"婚闹"之名，就都成了"恶魔"。说到底，不是婚闹本身有问题，而是这些支持过分婚闹的人有问题。

剖析原因，就不得不谈到人性。

婚礼不是法外之地，那些婚闹者也不是真的无法无天，他们反而很聪明，知道但凡是办婚礼的人家，都不愿意婚礼当天闹不愉快，都不愿意大喜日子伤了和气，无论发生什么事情都会一忍再忍，轻易不敢动怒。

知道对方不敢生气，等于是抓住了对方的把柄，这些婚闹者才敢一次次变本加厉，越闹越凶，越闹越没谱，新人们越是敢怒不敢言，他们越是觉得兴奋，扭曲的婚闹就在这种不平等的环境下滋生蔓延，成为无法彻底消除的坏脓，让婚闹成为婚礼最大的伤痛。

小田刚结完婚一周，本该是和新婚妻子浓情蜜意的时候，然而现实却是刚完婚妻子便住进了医院，且到现在为止情况还异常凶险，只能住院，卧床继续观察。

小田的公婆急得愁眉不展，而小田整日都睡在医院里，结婚到如今，这对小夫妻连一天都没有回过新房。

这天，小田回家收拾点新的换洗衣物给妻子带过去，父母问儿媳的情况，小田为了不让父母担心，只能把情况说得轻松一些。

"医生说只要静养，应该没什么大事儿，过段时间就能出院了。"

父母转而松了口气，转而又开始劝小田："儿子，要不那件事情就算了吧，既然人没事儿那就别再计较了吧，都是一家人，别伤了和气才好。"

"是啊，你要是把亲戚之间关系都搞僵了，以后还咋见面啊，要不就别追责了，吃点亏就吃点吧，反正事情已经过去了。"

小田听完父母的话，气提把衣服猛地摔到了地下："你们别再劝了，我已经下定决心了，一定要让他们付出代价，谁说都不行，再说我就让他们都进去蹲蹲，我媳妇还在医院里，医药费他们别想跑，大小有个闪失，我非让他们这辈子都别好过！"

父母吓得一句话不敢再说，小田也是脸色铁青，头也不回地走了。回到医院，只有妻子在安慰他："别生气了，我知道你心疼我，责任是一定要追的，但你也别气坏了身体，我都已经倒下了，你可别再病了，那我可就没人照顾了。"

小田家到底发生了什么事情，得从婚礼当天说起。

小田的妻子在婚前意外有了身孕，本来是双喜临门的事情，但小田女友比较保守，虽然合理合法，但她也不是很想婚前公布，所以小田家也就没有把儿媳已经怀孕的消息说出去，但是小田已经提前很严肃地对所有亲戚说过了。因为当地的婚闹情况算是比较严重的，家里亲戚中还有几个比较爱挑事儿的，所以小田坚决不要婚闹，闹了就跟谁急，亲戚们也都满口答应了。

其实小田家儿媳有孕的事情，咋可能瞒得住呢，大家都只是心照不宣而已，小田当然知道这些，所以在得到亲戚们的回复以后，他也算是安心了。

可是结婚当天，意外还是发生了。

小田的媳妇刚刚踏进婆家的门，还没站稳，几个臭鸡蛋便迎面砸过来，还是那几个爱挑事儿的年轻亲戚，对着新娘和新郎狂轰滥炸扔臭鸡蛋，力道足够狠，还一个劲儿地往前挤。

小田想生气也没那个时间，只能护着妻子往前艰难地往前走，然而妻子还是被人群绊了个趔趄，迎面摔在了地上。

小田赶紧把妻子扶了起来，喝住了周围人："够了！别再闹了！人都摔了，要是摔出个好歹，我让你们一个个都别想好！"周围那群亲戚还是嬉皮笑脸的，但见闹过了，也不再有什么动作了。

小田憋着一肚子的气，真想把人全部撵走，但是被父母阻止了。可婚礼结束以后，晚上小田的妻子就出状况了。小田妻子肚子不舒服，到了夜里见了红，一家人慌忙把她送到了医院。

医生表示情况不容乐观，必须一直卧床静养，不能下床，或许还有保不住的可能。小田是彻底怒了，他回想起白天的事情，再看着妻子受罪的样子，立刻杀到了那几位亲戚的家里，可那些个亲戚就一副很无辜又事不关己的样子。

"我们又不知道她怀孕了，你们又没讲，不然我们怎么可能闹呢？"

小田也不啰唆，堵着这群人直接放下话来："我老婆的医药费你们必须承担，我老婆和孩子有什么闪失，你们一个也别想跑！你们就祈祷她什么事都没有吧！"

小田不顾父母的劝阻，宁愿与亲戚之间决裂，也要让这些婚闹者受到应有的惩罚，除了妻子以外，几乎没有人支持他，可他依旧坚持着，不愿意做一丝一毫的妥协。

大家觉得小田做得对吗？

我不用看评论区也知道，肯定有那么一拨人一定会觉得小田过于上纲上线了，即便亲戚们的确有错，婚闹做得过分了，可是总归还是一家人，以后总得低头不见抬头见，就因为这事儿闹僵了，实在不应该，以后在亲戚们面前也难做人。

不是我过于悲观，或者是拱火，而是国人向来都是这样的，把和气看得比什么都重要，你说是善良好讲话，也可以，但你要说是懦弱没骨气，也不为过。

自家受到这样的欺负了，还闷不吭声自认倒霉，你以为你是宽容大方，可别人只会以为你家软弱可欺。

小田的父母就是大多数被婚闹家庭的缩影，他们不敢反抗，也不知道该不该反抗，不仅不追责，还怀疑是不是自己有问题，也不敢把事情闹大，怕被人家耻笑，怕让亲戚们讲闲话。

即便小田的行为被周围人看成是"离经叛道"，但我却认为他是好样的。为了和气一味地容忍，等于就是助长了婚闹者的嚣张气焰。

你敬他一尺，他反倒自进一丈，你宽容他，他就觉得你不敢把他怎么样，没有一个人敢站出来指责他们，他们还以为自己做得对。

不让他们知道点厉害，不让他们明白婚闹的底线，这些婚闹者永远都不会长记性，那么受到祸害的可就不单单只是小田一家人了，和他们的朋友、同学、亲人相关的家庭，都难免会遭殃。

有些人呢，还把婚闹当成是"一报还一报"，自己被闹了，之后就变本加厉地闹回去，婚闹的习俗便是这样才屡禁不止，且风气越来越歪，越来越无法控制。

我刚开头说过，婚闹并非一定要完全禁止，适当地闹一闹没有关系，这毕竟是自古传下来的婚嫁习俗，也有一定的意义在里面，可婚闹应该有底线、有素质，应该以道德作为标杆的。

民俗不应该是恶俗，那些婚闹者们应该为自己的行为感到丢脸，可惜的是这些人被纵容得太久了，从来不会明白自己所犯下的恶有多么严重，多么让人不齿。

被婚闹家庭们更应该联合起来，用强势的态度让婚闹者明白，婚礼早已不再是可以胡作非为的场合。

不生气是情分，追责是权利，和气很重要，可对方已经打了你的脸，难道你还要伸出另一边脸让他打吗？

案例相关附件 3

河间入围全国婚俗改革实验区

来源：沧州市人民政府网，2021 年 4 月 12 日

4 月 7 日，民政部确定了 15 个单位为全国婚俗改革实验区，其中我市河间在列，为全省唯一入选单位。在 3 年的实验时间里，河间将继续大力推进婚姻领域移风易俗，传承发展中华优秀婚姻家庭文化，倡导全社会形成正确的婚姻家庭价值取向，遏制婚俗不正之风，为推进婚俗改革提供鲜活样板。

近年来，河间市坚持把推进移风易俗、深化文明乡风建设列入重要议事日程，各乡镇出台移风易俗实施方案，村级组织依法依规修订完善《村规民约》，563 个行政村、76 个居委会都建立健全了红白理事会、村民议事会、道德评议会等村民自治组织。河间市民政局、文明办及工、青、妇等联合组织建立"未婚大龄青年数据库"，成立"瀛海缘"大龄未婚青年婚恋服务中心，创办"相亲角"，搭建"公益红娘群"等公益交友平台，持续举办未婚青年联谊交友活动，广大青年树立健康的婚恋观，婚事新办、丧事简办渐成风尚，受到广大群众的热烈拥护。2019 年以来，河间 338 对新人实现"零彩礼"，6494 对新人实现"低彩礼"，每桩婚事花费比先前平均减少 10 万元左右。

2021 年 4 月 8 日，中央广播电视总台《焦点访谈》栏目，以"村规民约'约'出文明"为题，报道了河间市通过制定村规民约，遏制多年来形成的婚丧嫁娶中的陈规陋习，大力开展移风易俗的先进工作经验。此前，中央农村工作领导小组办公室秘书局、农业农村部农村合作经济指导司还向全国介绍推广河间移风易俗工作经验。

案例相关附件 4

培育婚俗文化新风尚 河北河间扎实推进婚俗改革

来源：民政部官方澎湃号，2020 年 11 月 25 日

近年来，河北省河间市积极开展婚俗改革工作，传承发展中华优秀婚姻

家庭文化，倡导全社会形成婚事新办简办的文明新风和"注重家庭家风家教建设"的婚姻家庭理念，培育良好社会风尚，取得明显成效。

制度完善 组织得力

河间市把推进婚俗改革，深化文明乡风建设列入市委、市政府重大议事议程，制定《关于在全市城乡深入开展移风易俗工作的实施意见》。成立市、乡、村三级书记任组长的移风易俗工作领导小组；将推进婚俗改革作为重点工作安排部署，并纳入年终考核；严格规范党员领导干部婚嫁喜庆操办事宜；乡镇出台移风易俗实施方案；村级组织修订完善村规民约，建立健全红白理事会、村民议事会、道德评议会等村民自治组织。

河间市民政局、市文明办及工、青、妇等联合组织建立"未婚大龄青年数据库"，成立"瀛海缘"大龄未婚青年婚恋服务中心，创办"相亲角"，搭建"公益红娘群"等公益交友平台。

举办未婚青年联谊交友活动；开展大龄未婚青年再教育和再培训，制定就业创业优惠政策；多部门联动，依法整顿婚介服务市场；环城区九乡镇成立红白理事会联合会，统一降低婚嫁消费标准，消减区域习俗差异；建立理事长"事前走访、相互沟通、办事承诺"机制；创立"1245"移风易俗监督机制。

狠抓典型 奖惩分明

通过正反两面引导，形成移风易俗、勤俭节约光荣，大操大办、铺张浪费可耻的浓厚氛围。

一是正面典型引导。广泛开展文明单位、文明村镇、文明家庭宣传评选活动，开展乡贤能人、好婆婆、好媳妇、移风易俗"最美"家庭、"十星级文明户"等精神文明创建评比活动；组织举办"幸福都是奋斗出来的"河间市189个"零彩礼"新婚家庭文明家风故事汇暨2019年度移风易俗"最美家庭"发布会，每个"零彩礼"最美家庭获得奖励2000元。

截至目前，河间市有519个行政村建有文明乡风示范一条街，19个乡镇被评为县级文明乡镇，300个行政村被评为县级文明村。

二是反面曝光。2019年，1名乡镇基层干部操办女儿宴过程中违规收受礼金 1000 元，给予其党内警告处分并在全市通报曝光。

"软硬"兼施 稳妥推进

一是在硬件建设上。设置婚姻登记颁证厅，推出结婚登记颁证服务；设置婚俗文化墙和文化展牌，弘扬"风雨同舟、相濡以沫、责任担当、互敬互爱"的婚姻理念；设置婚姻调解室，解决婚姻家庭中遇到的难题。

二是在宣传引领上。印发《移风易俗倡议书》；召开移风易俗推进大会，号召全市人民敢于破旧立新，争做婚恋新风倡导者、传播者和实践者；把一批德高望重、办事公道的老党员、老干部选入红白理事会；乡镇（街道）、村（居）分别制定规范标准，"两委"干部积极参与，模范带动。

组织举办两次"零彩礼"集体婚礼。市委书记亲自给"零彩礼"新娘刘莹莹送礼物和祝福，被新华社、《人民日报》等多家媒体刊播。

在河间周报、河间广播电视台及微信公众号等媒体，大力宣传零彩礼、低彩礼、婚事新办等各种先进典型；创作西河大鼓移风易俗典型人物曲目，深入田间地头、文化广场进行宣传演出；乡镇（街道）、村（居）充分利用广播、宣传栏、标语等形式广泛宣传，结合道德模范评选、星级文明户评选、文明家庭评选等表彰活动，形成引领效应，推动形成良好社会风气。

成效显著 渐成风尚

2019 年以来，河间市涌现出 189 对"零彩礼"新人，2783 对低彩礼新人，每桩婚事花费比以前平均减少 10 万元左右。

河间市先后在河北省精神扶贫、文化扶贫现场会，全国乡村治理体系建设试点示范工作部署会上作典型发言；新华社、中央电视台、中国社会报、中国文明网、中国新闻网等推出河间市移风易俗相关报道百余篇；农业农村部在 2020 年第 7 期《乡村治理动态》专题简报中，以"河间市推进移风易俗 深化文明乡风建设"为题，向全国介绍推广河间移风易俗工作经验；2020 年 8 月 6 日，在全省民政系统社会事务工作年中分析暨农村公墓建设管理推进会上，河间市就婚俗改革工作经验作典型发言。

截至目前，全市上下崇尚文明、勤俭节约的良好婚俗风尚已蔚然成林。

案例相关附件5

全省唯一！河间市成为全国婚俗改革实验区

来源：河北新闻网，2021年4月13日

河北新闻网讯（通讯员田秀娟 河北日报记者薛惠娟）日前，民政部公布了全国15个婚俗改革实验区，河间成为全省唯一入选县（市），实验时间为期三年。根据相关要求，河间将围绕婚俗改革试点主题，积极培育和践行社会主义核心价值观，大力推进婚姻领域移风易俗，遏制婚俗不正之风，不断提升全社会文明程度和群众精神风貌，为推进婚俗改革提供鲜活样板。

近年来，河间市委、市政府持续深入推进移风易俗工作，创新探索移风易俗做法，坚持党政主导与基层群众自治相结合，宣传教育与制度约束相结合，党员干部带头和社会总动员相结合，通过完善机制、示范引领、宣传带动、社会总动员等行动，推动移风易俗工作实现制度化、规范化、常态化。广大青年婚恋观得到提升，婚事新办、丧事简办渐成风尚，受到广大群众的热烈拥护，"零彩礼"、"低彩礼"、婚丧嫁娶简办典型频出。河间市先后举办两届"零彩礼"集体婚礼，以及移风易俗"最美家庭"发布会。河间北京商会设立"亲情联谊小组"，专注解决河间籍在京创业未婚大龄青年婚恋问题。该市环城区九乡镇还专门成立"红白理事会联合会"，制定《九乡镇红事参考标准》《九乡镇大龄未婚青年信息资源共建共享工作机制》，在实践中探索出了移风易俗工作的新路子和有效解决大龄青年婚恋难的好办法。2019年，河间市4238对新人中，有189对新人实现"零彩礼"，另有2783对新人实现"低彩礼"，每桩婚事花费比从前平均减少10万元，全年全市相关家庭共节约费用约3.5亿元。2020年全市共3860对新人，其中"零彩礼"新人149对，其余全部实现"低彩礼"。

凭借在破除婚丧陋习等方面取得的丰硕成果，河间市先后在河北省精神扶贫、文化扶贫现场会和全国乡村治理体系建设试点示范工作部署会上作典型发言；农业农村部在2020年第7期《乡村治理动态》专题简报中，以"河间市推进移风易俗 深化文明乡风建设"为题，向全国介绍推广了河间经验。

4月8日，中央广播电视总台《焦点访谈》栏目，以"村规民约'约'出文明"为题，聚焦河间，用近8分钟的时长报道了河间市通过制定村规民约，遏制多年来形成的婚丧嫁娶中的陈规陋习，大力开展移风易俗的先进工作经验。新华社、中央广播电视总台、精神文明报、中国社会报、中国文明网、中国新闻网等先后推出河间市移风易俗相关报道百余篇。

第五篇

空心村老人何以养：
张北县"公建民营"养老社区的破局
之路

一、案例正文

空心村老人何以养：

张北县"公建民营"养老社区的破局之路

摘要： 社会的现代化进程使得社会流动性日益加大，伴随着大量青壮年人口由农村迁移到城镇，农村地区已进入深度老龄化阶段，越来越多的农村沦为"空心村"，老年人沦为"空巢老人"。传统的家庭养老功能弱化和公共养老服务设施的缺乏使农村养老面临较大挑战。破解空心村养老难题需要政府、市场和社会合力，共同服务于老年群体。张北县积极推进"公建民营"养老服务模式改革，旨在有效应对农村地区日益加剧的老龄化问题，更好地实现"老有所养"，提高农村老年人的获得感、幸福感、安全感，但在探索新型养老模式的道路上仍旧面临诸多挑战。"公建民营"养老模式涉及多方主体参与，有必要采用行动者网络理论进行分析，明确各类行动者在案例中的地位及作用、各类行动者是如何联结构建起整个网络的、网络的稳定性、政府在"公建民营"养老模式中的职能边界，这些都从根本上决定着"公建民营"养老社区的效果及其可持续性，更是整个案例背后值得深入挖掘的问题。

关键词： 空心村；公建民营；养老模式；行动者；网络

适用主题： 政策分析；行动者网络理论；政府职能论；政策工具论

（一）引言：人口老龄化的社会现状

人口老龄化是 21 世纪以来我国面临的重大社会问题。截至 2021 年年底，我国 60 岁及以上老年人达到 2.67 亿，占总人口的 18.9%。随着身体功能的下降，老年人对养老服务需求不断增大，我国养老保障体系面临着巨大挑战。与此同时，社会的现代化进程使社会流动性日益加大，越来越多的农村劳动力离开家庭和土地，农村地区人口老龄化程度更加严峻，第七次人口普查数据显示，农村 60 岁及以上老人的比重为 23.81%，比城镇高出 7.99 个百分点，[①]农村地区已进入深度老龄化阶段。伴随着大量青壮年人口由农村迁移到城镇，家庭成员共在空间被打破，越来越多的农村沦为"空心村"，老年人沦为"空巢老人"，虽然养老机构整体较以往有所提升，然而农村地区受限于经济发展水平，养老服务设施仍缺乏，养老承载力依旧不足。寻找一个便于推广、普适性高的新型养老模式来改善农村地区养老现状，提升农村老年人口的幸福感成为当务之急。

公会镇隶属于河北省张家口市张北县，区域总面积 260.3 平方千米，下辖 20 个行政村，常住人口 4601 人，老龄人口达 3581 人，全镇空心化率达到 70%，养老问题突出。作为河北省内比较早推行"公建民营"养老改革试点地区之一，2017 年，张家口市张北县出台了《张北县乡镇敬老院调整改革工作方案》。2019 年，公会镇实施易地搬迁和空心村治理，建设了易地搬迁和空心村治理集中安置区，其中幸福港湾养老社区位于公会镇集中安置区，总投资 1600 万元，建筑面积 5200 平方米，共有 135 张床位，引入张垣大嫂家政服务集团负责老人日常生活照料，建成后由公会镇政府交由县民政局主管，以公会镇敬老院为基础，并对全县其他 4 所中心敬老院的 120 名失能、半失能"五保"老人实施集中供养，同时收入建档立卡贫困老人 10 名。

近几年，公会镇"公建民营"养老新模式成效显著，省市县各级领导多次莅临公会镇进行视察，对整个服务团队给予了高度认可。幸福港湾养老社区的建立不仅缓解了子女务工与赡养的双重压力，更得到了老人们的认可，成功实现了就业与养老的双赢。本案例在研究张北县探索新型养老模式的过程中，通过广泛调研与走访，将重点聚焦于张北县公会镇。该地所推广的新型养老模式具有典型性与代表性，更有助于我们对养老新模式的深入探讨。

（二）传统养老模式探索下的荆棘载途

经走访调研，推行新型养老社区"公建民营"模式之前，张北县公会镇养老呈现出"居家养老为主，公办养老院为辅"的特点，但面临着"留守老

---

① 2020 年第七次全国人口普查主要数据。

人无人照看""老人就医困难""老人缺乏精神生活"等诸多问题，空心村养老问题突出。

1. 居家养老模式举步维艰

"安全性差""医疗条件不足""适老化设计缺失"等始终困扰着传统的居家养老。在2020年未实行"公建民营"养老模式以前，大量适龄劳动人口纷纷前往大城市务工，公会镇近七成的老人"如何养老"成为难题，而传统的居家养老成为村民们的首选。公会镇党委书记武岩介绍道："几年前村民都陆陆续续出去打工了，村里只剩下老人们。那时候的公办养老院床位也不多，基本还是以居家养老为主，看着他们自己做饭、照顾自己，心里特别不是滋味，都是邻居，有时候家里做饭给他们拿去点，不忍心看着他们这么大岁数还要烧火。"

为了进一步了解此前公会镇居家养老所面临的难题，武岩书记带我们走访了几位未实行"公建民营"养老模式前自己独居的老人。

78岁高龄的白大爷对我们说："娃子们出去赚钱是好事，有一天晚上，我自己下炕去关门，不小心摔了，半天没能站起来，第二天又在炕上躺了一天。不敢给他们打电话啊，怕他们担心。"不难看出，独居老人在面临突发状况时，更多的是一种束手无策或是孤立无援。

公会镇村民张淑兰提到："我记得特别清楚，2015年的时候我犯了老毛病，但那次怎么吃药都不见好转，村里卫生所跟我说得去县里拍片检查看看，我这儿女也不在身边，过了好几天，搭了同村人进城的车才去的医院，哎呀，那时候太不方便了。"

村民郑大爷年轻时热衷于下围棋，常去村里各家各户串门找"棋友"。但随着年龄的增大，腿脚也不如往日利索，更多的时候都是一个人在家下一盘棋。"精神生活"的匮乏、娱乐活动的缺失成为老年人居家养老道路上的一大难题。

2. 公办养老院弊端显露

长期以来，公会镇的养老服务依赖于政府。政府筹办的公办养老院主要针对的是"三无"老人，"五保"老人，特困、残疾老人等群体，由国家筹建，具有福利性和区域性，需要当地户口才可入住。2007年伊始，公会镇迎来了首个公办养老院——公会镇养老院。据张北县公会新区党支部书记张万林回忆："当时的公办养老院配备了基础的生活设施，一定程度上改善了我们镇的养老问题。但是养老院的床位还是太少了，好多老人无法入住，一些服务人员的专业性也不够强，护理老人存在困难，同时，资金这方面也是让镇里很头疼。"

李大爷向我们讲述了他在2007年作为第一批入住者入住公会镇养老院的经历。"当时家里条件不好，孩子们都出去打工了，村里说有个养老院，我家孩子就给我报上去了，不用自己每天做饭了，大家都在一个院里住也热闹。不过地方不大，住的人不多，好多当时没能进来的都去找村里吵架。"

曾经作为护理工的48岁村民马双艳，向我们回忆道："我是2010年5月份去的，我在那干了大半年，也就喂喂饭、洗洗碗我能做点，有些老年人要是头疼脑热的，我们也得去村里请大夫，一天下来可累了，我岁数也不小了，干了半年就熬不住不干了。还经常会有一些老年人跟我说他们的烦心事，可是我只能听一听，具体也给不了啥好的建议，我嘴巴也比较笨，不会宽慰人。"

此外，我们联系到了当时负责经营这家公会镇养老院的杨院长，在电话中他说道："当时我们最大的困难就是钱不够用啊，我们想给镇上的老年人提供好的服务、更多的床位和设施，可是除了政府给的少量补贴，大部分花销都是我们在承担。加上咱们这是农村嘛，收费也不能太高了，多了人家也不愿意住，少了我们根本没法运作了。"

财政负担重、服务项目单一、效率单一等因素阻碍了公办养老院发展，成效不显著，各方也都认为这种模式未能达到其期望。

（三）多方推进"公建民营"养老社区落地

为解决空心村老人何以养的难题，张北县政府、各类企业以及社会民众等形成合力共同推进"公建民营"养老机构建设发展，在多方行动者不懈努力下，养老问题的解决取得了良好成效。

1. 政府：组织领导与考核监管

为有效应对人口老龄化，不断满足养老需要，张北县委、县政府大胆尝试，探索出一个政府、企业、消费者三方共赢的养老新模式——"公建民营"，其中张北县幸福港湾养老社区创新经营模式，坚持顶层设计，强化组织领导，同时落实考核监管。

在顶层设计上，为改善居住环境、提升服务标准，张北县制定了《张北县乡镇敬老院调整改革工作方案》等多项政策制度。为提升服务质量、完善服务体系，该地建立起《护理制度》《医疗制度》《安全管理制度》《营养配餐制度》等各项规章制度159个，制定《失能、半失能老人护理标准和流程》《日周月护流程》等工作标准和服务流程30多个。^①与此同时，县委、县政府努力做好带头领导的角色，不断强化组织领导，有效发挥了集体领导的优势和党组织的政治优势以及政府部门协调调度、共同发力的协同优势。通过整合各方有利政策，从养护人员技能培训、环境绿化美化、健身康复设施完善以及供水、用电、医疗等方面为养老社区发展提供最大限度的帮扶支持，形成了齐抓共管、整体推进的工作合力。在政策落实上，民政部门多次调研考察，深入一线组织监护人座谈会，全面掌握老年人养老的意愿和现实困难，指导养老社区将机构运行与市场经济相接轨。

全面落实考核监管制度，运营方一方面要积极做好自主经营，另一方面要全方位接受政府各部门的监督管理，包括安全、价格、质量、资产管理等内容。政府通过指导调控和不定期考核制度，实现了与社会资源的整合互补，把社会效益与经济效益的互补最大程度地发挥了出来，加强了养老社区监管运营的规范性、合理性，确保了"公建民营"性质养老机构的公益性，初步形成了"社会参与、市场运作、政府监管"的良性互动局面。

2. 企业：精准管理与专业服务

张北县公会镇幸福港湾养老社区位于公会镇集中安置区，是河北港口集团对口扶贫工作的援建项目，建成后由公会镇政府交由县民政局主管，并通

---

① 养老新模式 托起幸福"夕阳红"——张北县积极探索"公建民营"养老服务模式. 张家口新闻网，http://www.zjknews.com/xianqu/zhangbei/2022/08/377757.html.

过招投标的形式交由张垣大嫂服务集团负责运营管理。养老社区以公会镇敬老院为基础，将全县其他4所中心敬老院的120名失能、半失能"五保"老人实施集中供养，同时收入建档立卡贫困老人10余名。

针对照护老人难度大、管理难等现实问题，张垣大嫂服务集团选派专业团队对员工进行多次卓有成效的专业护理培训，更新了其职业观念，提升了其职业素养。通过指导员工以爱的心态从事唤醒爱、传递爱的伟大事业，增强了团队凝聚力，使员工的工作热情饱满、工作积极性高涨。同时，为幸福港湾养老社区运营团队提供岗前、岗中、"回炉"培训，实现护理人员100%持证上岗。除此之外，幸福港湾养老社区采取先进的规范化、标准化、流程化管理流程，通过"二库四册五盒47表"的管理模式与"5S"现场管理相结合的管理方法，为"五保"老人提供优质的服务，运行一年就达到"河北省二星级养老机构"标准，得到了省、市、县领导的高度评价。

在给老人提供优质服务环节上，幸福港湾护理团队结合"五保"老人的照护特点，完善了100多个规章制度，做到有章可循、明确到岗、责任到人。团队按照"整理、整顿、清扫、清洁、素养"5S要求实施现场管理。同时成立了食堂管理委员会，定期召开院民服务需求调查会，为老人做好"入口五把关"，即一把"采购关"，二把"卫生关"，三把"安全关"，四把"烹饪关"，五把"足量关"，为老人们提供日常生活、饮食起居照料，由专职护理员提供24小时全天候、优质专业的服务，做到了养老服务专业化、职业化。[①]据幸福港湾养老社区文体委员邓晓林说："老人们吃饭有人送，病了有人喂，小病床头医，大病及时转，洗澡有人搓，头发按时理，衣服定期洗，活动天天有。"

3. 社会：积极配合与贡献力量

为了让老人们在养老社区安度晚年，过得舒心、放心，各级机关、企事业单位、慈善组织等各界力量参与到社区养老服务中来，提供多层次的养老服务。老人们在养老社区生活，不仅在吃、穿、住、行等方面有可靠的物质

---

① "公建民营"养老渐入佳境 [N]. 河北经济日报，2022-08-15（07）．

保障，同时在精神生活上也有所丰富。由镇政府牵头，养老社区配合，组织老年人自主开展活动，如在庆七一活动中，由社区员工带领老人们做手指操、套圈、二人台、快板等节目，让老人们深刻感受到温馨、欢乐的氛围；镇党委领导利用节假日到养老社区看望慰问老年人，形成了关爱老年人的良好氛围；组织养老社区员工以及老人于每年6月定期开展消防演练，进一步提高养老社区员工以及老人的防火意识和自救能力，为养老社区的发展营造安全的消防环境等。社区老人乐呵呵地说道："在幸福港湾的生活很丰富，工作人员陪我们锻炼身体，教我们做游戏。"之前空闲时间老人们都是在村头坐着发呆，如今老人们作为社区养老中的重要行动者，通过接受配合社区工作，可以吃好穿暖，得到生活上的照顾和医疗保健等物质上的保障。

综合来看，张北县推行"公建民营"养老社区是一个多方行动者合作的过程，各类行动者都承担了不同的定位，发挥了不同的作用（见图5-1）。

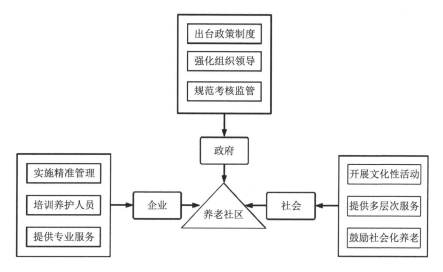

图5-1 张北县推行"公建民营"养老社区中的行动者及其作用

（四）"公建民营"模式成效的初现与挑战

在多方行动者共同努力、协同推进之下，空心村老人何以养的问题得到了有效解决，由政府搭台、企业唱戏的"公建民营"养老社区的建立，有力地保障了村里"五保"老人、贫困老人的养老生活，并取得了良好的口碑与不错的成效。但不可否认，张北县推行"公建民营"养老社区正处于摸索阶段，也面临诸多风险挑战，这也是接下来在新阶段推行"公建民营"模式养老机构过程中，各方行动者需着重关注并不断破解的重要问题。

1. 推行"公建民营"养老社区初见成效

"老吾老，以及人之老。"张北县针对人口老龄化、空心村老人何以养等问题，从应对人口老龄化这条主线出发，积极适应经济社会发展，盘活养老资源，招标引入优秀企业，规范运营管理，创新体制机制，初步形成了"社会参与、市场运作、政府监管"的良性局面，真正做到了让老人们老有所养、老有所依、老有所乐、老有所为，让老年人更幸福地过好晚年生活。在公会镇集中安置区内建设的幸福港湾养老社区成功运营两年来，已成为当地社区养老服务的样板。

幸福港湾养老社区在医疗护理、健康养老服务上取得了不错的成效，实现了养老服务主体多元、服务对象广泛、服务方式多样、服务标准正规。同时，幸福港湾养老社区为当地民众提供了大量就业岗位，敬老院入住人数由运营初期的 30 人增加到 120 人，很多搬迁群众经过培训后，转型成了优秀的养老护理专业人员，30 名村民解决了就业问题，实现了在家门口就可以上岗的梦想，平均年收入 25000 元以上，成功激活了县域养老模式的新动力，把机构的公益性和福利性充分地发挥了出来，缓解了社区养老在人力、物力等方面的压力。

从实践经验来看，幸福港湾养老社区推行的"公建民营"养老模式，真正实现了双赢。除此之外，公会镇还在努力提高养老服务水平，持续争取上级资金，完善基础设施，继续加强养老机构的管理水平，使更多搬迁群众提高劳动技能，能够就近就业，确保搬得出、稳得住、有就业、逐步能致富，让老百姓有更强的获得感和满足感，全方位、立体化助力乡村振兴，实现了"老有所养、老有所乐、老有所为"。

2. "公建民营"养老社区面临诸多挑战

滴水穿石，非一日之功。当前，对于张北县而言，养老机构"公建民营"是一个新生事物，其推行"公建民营"养老社区仍属于初期摸索阶段，在各方面经验的积累较为有限，虽已迈出推行养老改革新模式的关键一步并取得了初步成效，但从整体来看，无论是在政策制度的细化完善、资金的有效扶持，还是对企业监管运营的力度、医养深度结合等方面，依然面临着许多困难与挑战。

挑战一：政策不够细化，配套制度有待完善。现阶段，国家层面在积极鼓励引导公建养老机构改革，并把"公建民营"当作重要的行进向标，但在这方面的有效探索与实际积累较为缺乏，在实施、推广养老机构"公建民营"的过程中，所涉及的许多细节性问题缺少具体明确的规定说明。当前上级出台的政策文件对于养老机构"公建民营"仅仅指明了大的方向和原则性要求，在创新性、协调性上做得远远不够，落实难度较大，多数政策都是针对整体情况，不够细化。同时，由于养老机构的特殊性，导致政策在落实过程中存在诸多细节上的漏洞和不足。例如幸福港湾养老社区具有较强的福利性，往往会直接承担老人的一切花销和费用，基本上不需要老人出一分钱。此外，众多义工在为老人服务的过程中，也会产生大量的劳务费用。但目前这些费用仅仅是通过民政资金、企业捐赠等渠道筹集。"公建民营"养老社区的运营成本较高，对财政资金及其他渠道补助支持的需求较大，而当前对社区服务的供给类政策制度，存在补助力度较小、资金来源渠道较少等不足。因此，政府如何建立健全准入、运行、协作、监管、效果评估等制度，明确各项养老服务标准并注重相关政策的具体落实、不断细化，跟上需求发展趋势，切实保证老年人获得优质的产品和服务，是能够有效推行"公建民营"养老社区的重要因素。

挑战二：经济投入与实际需求存在差异。经济来源一直是养老社区发展关注的重点问题。建设好、发展好"公建民营"养老社区离不开有效资金的经济支持，但从实际情况来看，当地经济发展水平普遍偏低，缺乏较为稳定的资金支持。"公建民营"养老社区的建立与推广，对践行公益性有着较高的要求，即要求接收社会低保老人、失能与半失能老人、建档立卡贫困老人等群体，要建设兜底保障的养老机构。老人中的大部分是缺乏自理能力的老人，同时没有固定收入、退休收入或补贴等经济来源。与此同时，受制于养老行业初期投入大、利润回报少等一系列客观因素，社会的经济投入渠道也较窄。虽然社区有着政府财政支持的养老补贴，但老人的养护费用压力仍然不小。社区服务的工作人员同样表达了需要政府提供更多方面的补贴、进一步加大扶持力度的想法。虽然张北县公会镇政府一直在努力争取上级资金，但政府不能只关注经济投入量的多少，而是需要调查了解"公建民营"养老社区的实际状况，做到对症下药，妥善解决经济需求难题。作为养老服务的直接承载主体，养老机构不能过分依赖政府投入，如何从老年人的实际需要出发，建立起养老资源有效对接、有机整合以及需求挖掘等机制，寻找更为良性的运作模式，仍是当前"公建民营"养老机构发展不得不解决的问题。

挑战三：对养老机构的监管力度不够。"公建民营"模式属于一种新的养老模式，在具体开展过程中存在着到底由谁监管、监管什么、怎样监管等疑问。[1]对于张北县来讲，"公建民营"养老机构在运营管理中虽通过引入企业改变了以往政府一手包办的局面，但政府在实施过程中仍然扮演着监督管理、调控指导的重要角色，"防偏"和"纠偏"机制必不可少。若政府在监管过程中存在着"越位""错位"和"失灵"，监管范围和监管力度把握不到位的情况，就会导致监管不足。政府本身并未设置一套合适的评估体系，或缺少相应专业的第三方评估，导致政府和养老机构的职责范围划分不清晰，政府的职权不明确，难以进行全方位的管理。同时，缺乏合适的评估体系，易出现养老服务机构弄虚作假、不如实上报的难题，造成机构的养老服务质量良莠不齐，不能有效满足老年人的需求。[2]因此，政府应制定好规范化的管理标准，积极采取专业评估，不断改善养老管理服务。政府只有不向运营方甩包袱，相关的监管工作不走过场，同时把制度保障和具体落实做到位，才能真正有力推动"公建民营"养老机构规范、有效运营。

挑战四：医疗资源欠缺，医养结合不足。幸福港湾养老社区绝大多数老人照护难度较大，对医疗资源有着较强的依赖，然而在实施过程中经常会碰到设施配备落后、专业人才缺乏的挑战。养老机构虽提供床位，但其他如医

① 董彭滔. 供给侧结构性改革视角下的养老机构公建民营研究 [J]. 中国物价，2018（10）.
② 宋雅雯. "公建民营"养老机构运行管理研究 [D]. 南宁：广西大学，2017.

疗卫生设施、康复设施、活动场地、健身设施等较为缺乏。同时，服务项目不够全面，在日常健康检查方面，局限于为老人提供量血压、测血糖等简单的医疗服务，缺少健全的医疗设施，若老人患病，只能送老人到就近医院。在老人病后的康复阶段，养老机构只是照顾无自理能力老人的日常起居，却难以提供对应的医疗康复。另外，养老机构的护理人员虽然接受了岗位培训，但其实真正拥有专业的护理知识和技能，能够为病人提供专业康复服务的人员却很少，加上养老机构中医生、营养师、康复师、心理咨询师等医疗专业人才短缺，导致老年人的养老多元化需求难以被有效满足。因此，在"公建民营"养老机构的改革发展过程中，不仅要注重设施的完善、专业性医护人才队伍的建设，更要做到"医"和"养"的深度结合，为老年人提供更加便利、高效的医养服务。

（五）结语：推行"公建民营"养老社区的进路何在

"尊老爱幼"自古以来就是中华民族的优秀传统美德，赡养、照顾老人不仅是每个人的责任与义务，更是整个社会的责任与义务。营造关怀关爱老年人的良好社会风尚，重视老年人的养老生活，是对当地多方行动者提出的明确要求，也是社会主义现代化建设的具体要求。因此，张北县积极应对人口老龄化，加快推进养老服务体系改革，重点关注失能、半失能贫困老人的养老问题，通过在公会镇幸福港湾社区的大胆实践，积极探索出一条适合本县养老发展的新路子——"公建民营"养老社区，并以此为契机在全县范围推广"张北样板"的成功经验，塑造了尊老爱老的良好氛围，为全面推行"公建民营"养老模式树立了优秀标杆。

张北县富有特色的"公建民营"养老机构模式为社会其他方面问题的解决提供启发与借鉴，从而不断加快和谐文明社会的建设。但在进一步推行"公建民营"养老社区的过程中，如何把握"公建民营"养老模式的适宜性以及关键要素？如何把握空心村老人养老过程中政府职能的边界？政府如何动员和招募更多的行动者参与到养老服务供给中？如何有效发挥政府、市场、社会三者的作用以及组合架构起稳定的养老服务格局？这些都是一系列的重要问题，在解决问题的过程中不断调整已有经验，找到全面推行"公建民营"养老社区的关键着力点，才能推动社会养老保障朝着正确航线航行。

二、案例思考题（根据课程及授课章节与内容选择使用）

1. 如何理解养老的历史与现实意义？如何看待空心村养老现状？如何把握"公建民营"养老模式的适宜性以及关键要素？

2. 张北县推行空心村养老模式改革是基于何种总体构想、行动框架和系统举措的？

3. 张北县在推行养老社区"公建民营"模式过程中涉及哪些行动者？各行动者是如何组合架构起网络的？

4. 如何利用行动者网络理论评价张北县"公建民营"养老社区发展过程中各行动者发挥的作用以及行动者网络的稳定性？

5. 进入老龄化时代，政府如何动员和招募更多的行动者参与到空心村养老服务供给中？如何提升社会、市场各主体的积极性？

6. 结合政府、市场、社会三者的关系，如何把握空心村老人养老过程中政府职能的边界？

三、案例说明书

空心村老人何以养：

张北县"公建民营"养老社区的破局之路

课前准备

1. 知识准备：教师在使用本案例开展教学活动时，应根据案例适用的章节内容，选择性地使学生学习掌握政府职能（政府、市场与社会关系）、政策工具及行动者网络理论的相关理论知识，保证理论联系实际，避免蜻蜓点水式的就事论事分析。

2. 资料准备：案例手册（统一印制，人手一份）；复印新闻资料（统一印制，人手一份）。

3.器材准备：笔记本电脑；投影设备；教学白板；大白纸及笔若干。

适用对象

由于公共政策分析是所有 MPA 学生的通用素质与能力，因此该案例适用于各个方向的 MPA 学生。

教学目标

1.知识理解。通过将所学有关理论知识应用于该案例分析，从而使学生达到对知识理解、消化和吸收的目的。

2.学以致用。提高学生运用所学知识发现、分析和解决公共管理问题的能力。

3.思维训练。结合案例、运用知识，在分析中训练和提升逻辑思维能力，提高学生推理判断的理性和缜密性，使思维方式逐渐条理化、系统化、结构化。

4.综合提高。通过案例分析，综合提高学生的语言表达、交流沟通、要义提炼等能力。

要点分析

1.如何理解养老的历史与现实意义？如何看待空心村养老现状？如何把握"公建民营"养老模式的适宜性以及关键要素？

（1）养老的历史与现实意义

我国的养老思想源远流长，《礼记》中有"矜、寡、孤、独、废疾者皆有所养"，《周礼》中提出"以保息六养万民，一曰慈幼；二曰养老；三曰振穷；四曰恤贫；五曰宽疾；六曰安富"。这些都彰显了传统文化思想中对养老的重视。随着经济社会的发展，现代社会养老服务模式被分为家庭养老和社会养老两种。家庭养老是由子女或其他家庭成员提供养老资源与服务的养老服务模式，其实质是通过家庭成员间的互助和自助行为获得老年生活保障的机制。受经济发展水平和养儿防老观念的限制，长期以来，家庭是老年人养老的主要责任主体。随着经济社会与人口结构、家庭结构等因素的深刻变化，社会养老服务模式应运而生，社会养老服务模式有机构养老和社区（居家）养老等模式。社区（居家）养老服务模式基于老年人安土重迁的思想，把社会化的服务与老年人的居住环境有机地结合起来，由社区为老年人提供日间照料等多样化服务。机构养老服务模式下专业化的生活照料和医疗护理服务使老年人得到较为集中的照顾和有序的生活。这些养老模式都是旨在满足不同阶段老年人的晚年生活需求，推动社会养老服务保障更加完善。

（2）空心村养老形势不容乐观

"空心村"是当前我国农村普遍存在的一种现状，根据农民工、外出农民工和农村户籍人口数量，可以计算出我国农村的平均人口空心化率的范围，结合《2020年农民工监测调查报告》的数据和国家统计局的监测数据，2020年我国农村平均人口空心化率的范围是22%—37.05%，已经达到较高水平，而且呈现逐渐增长的趋势。[1]农村的空心化主要包括农村住宅的空心化和农村人口的空心化。农村住宅的空心化，即改革开放后，随着收入水平显著提高，农民翻新住宅时出现的"建新不拆旧"的住宅闲置现象。近年来，农村人口空心化现象居多，随着城镇化和工业化进程的不断加快，大量农村人口选择外出务工，尤其是农村青壮年，作为农村主要的劳动力，不断涌入城市，进而带动了整个家庭的融入，导致目前农村成为老年人的居住地，空心村问题严重，老人的养老问题也愈加突出。

伴随农村空心化加剧，根植于传统家庭养老模式的养儿防老观念受到冲击，而新兴的市场化社会养老模式，由于成本高、农村养老观念转变难等问题，尚未被空巢老人接受，农村出现养老市场供需不平衡等问题。通过对张北县空心村养老情况及公会镇典型案例幸福港湾养老社区情况的了解，现阶段空心村在养老方面主要存在以下几方面的问题：一是空心村人口结构失衡。空心村老人的子女大多选择进城务工，并且会选择把孩子带在自己身

---

① 刘爱梅. 农村空心化对乡村建设的制约与化解思路 [J]. 东岳论丛，2021，42（11）.

边，以便让孩子能够享受到城市更优质的教育资源，形成了老人的子辈和孙辈都不在身边的现象，老人们被孤立在农村成为"空巢老人"或"留守老人"，另外还存在因无儿无女以及失能失智等自身原因造成的养老困难的群体。二是农村养老公共服务设施不健全。相较于城市而言，农村养老服务供需不平衡问题更为突出，农村养老服务短板主要表现在养老设施老旧、闲置多，服务供给不足；养老制度起步晚、不健全，保障水平较低；养老投入少、不充分，历史欠账明显；农村养老人才缺乏、专业化队伍力量不足，社会参与度不高。三是农村养老观念较为传统。当前农村出现空心化现象，家庭养老功能不断弱化，为了保障当地老年人的晚年生活，不少农村地区陆续建立了养老院，但实际效果并不理想，一方面养老机构建设门槛较高，服务成本不低，但农村老人支付能力相对有限，养老院很难打开农村市场；另一方面，受传统观念影响，老人被送到养老院，子女很容易背负"不孝"的骂名，老人自己也认为儿女双全被送进养老院很丢面子。以上问题反映出当前空心村养老面临的困境，即日益增加的养老需求与传统家庭养老模式功能弱化之间的矛盾，以及养老需求与养老机构供给未接轨之间的矛盾。

（3）"公建民营"养老模式的适宜性以及关键要素

适宜性：当前中国进入老龄化社会，养老需求不断攀升，传统基于代际血缘关系的家庭养老模式越来越不能满足社会需求，即便实施鼓励生育的政策，这一现状也难以在短期内得以改变。养老服务作为一种准公共物品，介于私人物品和纯公共物品之间，具有固定成本高、边际成本小的特点。民营养老机构大多依托租赁土地建设，前期投资成本高，后期需要高额租金维持经营，费用较高，大多数农村老人无力承担。公办养老机构在我国养老机构体系中扮演重要角色，长期以来发挥着兜底性作用，但公办养老机构的编制少、人员紧缺、管理机制僵化，以及养老资源利用率低等弊端，导致供给和需求严重错位。"公建民营"养老运营模式有效整合了二者的优势，通过承包、委托、联合经营等方式，将政府拥有所有权的但尚未投入经营的新建养老设施的运营权交由企业、社会组织或个人，更加注重养老机构的社会化，积极与市场接轨引入资本。政府不再大包大揽，而是主要承担政策制定者、监督管理者的责任，采取社会化的方式，让更多社会力量扮演具体实施政策、运营管理角色。

关键要素：解决空心村养老问题，既要统筹推进，也要明确其中的关键要素。首先，明确空心村"公建民营"养老社区的负责主体，解决"谁来养老"的问题。在传统观念中，养老一直是家庭内部事务，但现阶段养老问题已受到社会各界的关注，成为公共问题，政府在制定和完善养老政策、推进改善空心村老年人晚年生活条件方面义不容辞，同时更需要市场和社会组织积极参与其中，形成合力，共同推动农村养老服务质量的提升。其次，要确定空心村"公建民营"养老社区优先接纳的对象，解决"对谁负责"的问题。建立并定期完善当地老年人健康状况信息登记制度，优先解决空心村的社区养老需求问题。养老社区在有余力的情况下可选择向社会开放，以保证其公益属性第一的原则。最后，借助行动者网络，解决"如何养老"的问题。明确政府、市场、社会及其他参与者的目标及任务，多主体间优势互补，建立稳定的行动者网络。

2. 张北县推行空心村养老模式改革是基于何种总体构想、行动框架和系统举措的？

张北县地广人稀，截至 2019 年，全县共有 366 个行政村，1107 个自然村，共确定空心村 188 个，空心村约占全县行政村总数的 51.4%，但空心村的常住人口不足全县人口总数的三分之一。这些空心村普遍存在空置率高、土地利用率低、房屋陈旧、居住环境差、配套设施不完善等现象，并且由于地处偏远、道路不畅、工作机会少，年轻人纷纷逃离，导致农村缺乏提供养老服务的人口，加之坝上地区冬季气候寒冷，空心村老年人"养老难"问题严重。在推行"公建民营"养老模式之前，张北县还进行过"互助养老院"模式的探索，但由于空心化严重，人口过于分散，水、电等配套设施供应不上，经营成本过高，互助效果不理想，最终以"互助养老院"模式的失败告终。基于这些客观的区位条件和人文环境，张北县政府在公会镇集中安置区成立了幸福港湾养老社区，旨在为当地老年人提供优质的养老保障。张北县按照政府主导、社区实施、服务组织具体开展养老服务的总体构想，在从政府招标、企业援建到培训管理、完善服务等一系列行动的过程中形成了一整套科学精准的行动框架。

首先，通过压实责任体系，明确各行动主体的职责范围，有效解决家庭养老模式和"互助养老院"模式的弊端，最大程度解决空心村养老问题。公会镇幸福港湾养老社区，是政府通过招标和政府贷款的方式，由政府和企业共同建设，建成后由公会镇政府交由县民政局主管，并最终由张垣大嫂服务集团对护理人员提供专业化培训的"公建民营"养老社区。

其次，通过完善养老配套设施和精准管理，着力改善当地养老条件。幸福港湾养老社区作为集中供养机构，床位数充足，功能房和生活设施配套齐全，安全设施到位，管理水平和服务质量较高，管理流程规范化、标准化、流程化，通过"二库四册五盒47表"的管理模式与"5S"现场管理相结合的管理方法，为老人了提供优质的服务。

最后，通过社区养老惠民活动，能够切实解决老年人的生活照料和精神安慰两大难题。一是镇政府牵头，养老社区配合，组织老年人自主开展活动。如在庆七一活动中，由社区员工带领老人们做手指操、套圈、二人台、快板等节目，让老人们深刻感受到温馨、欢乐的氛围。二是利用节假日，镇党委领导到养老社区慰问老人，形成关爱老年人的工作机制。三是组织养老社区员工以及老人于每年6月定期开展消防演练，进一步提高养老社区员工以及老人的防火意识和自救能力，为养老社区的发展营造安全的消防环境。社区养老服务是一项暖人心、顺民意的夕阳工程，最终可实现政府满意、市场获益、消费者乐意的多赢局面。

3. 张北县在推行养老社区"公建民营"模式过程中涉及哪些行动者？各行动者是如何组合架构起网络的？

根据行动者网络理论（Actor-Network Theory，简称ANT）中的广义对等原则，行动者既包括行为人等人类行动者，还包括信息、观念、技术等非人类行动者，各行动者联结起来形成动态的行动者利益联盟以系统解决特定问题。①张北县推行"公建民营"养老模式过程中涉及的人类行动者主要包括政府及其职能部门为代表的管理者，企业、社会组织等服务提供者，以及以老年人个体为核心的服务需求者，非人类行动者主要包括服务、资金、基础设施、技术、制度与规范、文化、观念等。虽然 ANT 主张"人的去中心化"和"非人的能动性"，强调人类行动者和非人类行动者具有同等重要的地位。但值得注意的是，非人类行动者的意愿需要借助人类行动者进行表达，故两者的能动性并非完全等同，因此本书将不单独考虑服务、资金、基础设施等这些非人类行动者的转译，但会在人类行动者转译的过程中将这些非人因素考虑在内。下面将从问题呈现、利益赋予、征召和动员环节分析张北县"公建民营"养老服务网络建设过程。

其一是问题呈现。我国进入老龄化加速发展阶段，尤其是近年来农村地区"空心化"现象日益突出，空心村老年人养老问题成为社会各界不得不关注的公共问题。由于"公建民营"模式尚处于起步阶段，政府无疑是网络中的核心行动者，扮演着"领头雁"角色。相较于其他行动者，政府具备更高的权威性、更强的组织和管理能力和资源调度能力。在这一阶段，政府从顶层设计确立项目目标和方案，使养老服务成为各行动者实现各自利益的强制通行点。其二是利益赋予。在张北县推行"公建民营"养老模式的过程中，县政府和民政局作为核心行动者，围绕本地老年人的数量、健康状况、服务需求等，先后制定多项工作方案和实施意见，理清了能够参与到养老服务供给的主体，以及各微观主体的关系，总之，市场主体作为该模式的关键行动者，与政府部门优势互补，共同推动养老社区的有效经营运转。其三是征召和动员。在利益赋予的基础上，行动者受到核心行动者的征召，河北港口集团和张垣大嫂服务集团参与到养老社区的援建、经营、培训、服务等过程中，进入行动者网络中开展行动。张北县在推行"公建民营"养老模式时，前期通过政府及民政部门通过制定政策规定、社会招标等方式吸引企业投资经营，中后期依托政府公信力、企业提供的专业化培训，帮助就业者更新职

---

① 卜炜玮，刘惠芬，官芳月. 基于行动者网络理论的城市安全发展治理研究 [J]. 建筑经济，2022（S1）.

业观，并不断把现代化的养老观念贯彻到各行动者的利益诉求中，为消费者即老年人提供优质温馨的养老服务，从而获得消费者的信任，在这种模式中确保对各行动者进行职责分工和协调部署，通过政府、市场、社会三方共同努力构建起"公建民营"养老模式的行动者网络。①

张北县幸福港湾养老社区，创新经营模式，改变了传统仅靠政府或市场的单一渠道投资方式。"公建民营"模式有效整合了政府信息优势与市场资金优势，实现了经济效益与社会效益双赢，形成了社会参与、市场运作、政府监督的良性互动局面。

4. 如何利用行动者网络理论评价张北县"公建民营"养老社区发展过程中各行动者发挥的作用以及行动者网络的稳定性？

（1）评价各行动者发挥的作用

张北县在发展"公建民营"养老社区的过程中，各行动主体充分发挥自身优势，实现了政府、企业、消费者三方共赢的局面。政府依托自身公信力和对当地发展状况的全面了解，抓住易地搬迁和产业扶贫的时代机遇，积极探索空心村养老新模式，出台各项规章制度一百多项，统筹推进对传统养老社区的改造，使当地养老局面焕然一新。河北港口集团是张北县幸福港湾养老社区的援建企业，在养老社区配备功能房设备、生活设施、安全设施，为老年人的健康与安全起到保驾护航作用。此外，幸福港湾社区成立了"食堂管理委员会"，全方位、多角度保障社区老人的饮食需求与安全。原来的贫困人口搬迁到公会镇集中安置区，在接受系统、专业的培训后成为专业的护理人员在养老社区就业，像家人一样照顾老人起居，陪老人聊天，为行动不便老人做康复训练。入驻幸福港湾养老社区的老人，生活方式和生活习惯发生了巨大改变，精神状态也在潜移默化中发生变化，找到了家的感觉。在此过程中，各行动主体优势互补，实现政府、市场、消费者多赢局面，从而建立起一个稳定的行动者网络。

（2）评价行动者网络的稳定性不同行动者在开展活动的过程中建立起复

① 陈元媛. 行动者网络理论视域下高校创新创业教育体系研究 [J]. 高校教育管理,2022（3）.

杂多样的联系，这些联系汇集到一起形成社会，行动者是构成行动者网络的基本要素，社会又以行动者网络的形式而存在。行动者具有异质性，其行为和能动作用的不确定性会导致行动者之间联系的不确定性，因此，行动者网络的稳定性也是不确定的。① 根据行动者网络理论，网络的稳定性取决于行动者利益的转译强度，不同的行动者在网络中表现出来的利益取向、行为方式等是不同的。就张北县"公建民营"养老社区而言，张北县政府的出发点是积极应对老龄化，在做好基本养老服务保障的基础上，使当地养老服务不断适应经济社会发展新常态，其目标追求是使当地老年人实现老有所养、老有所乐、老有所为，构建完善的养老服务体系。与政府的诉求不同的是，市场参与主体即企业追求的是利益的最大化以及良好的企业名誉，张北县公会镇幸福港湾养老社区，由河北港口集团投资援建、张垣大嫂家政服务集团组建服务团队为老人提供养老服务，两家企业是该养老社区建设最主要的资金投入者，也是经营所得的最大受益者，在收获资金收入的同时，企业的社会影响力也会随之增大。而消费者即老年人之所以选择在养老社区度过晚年生活，就是希望在这里能够享受到温馨舒适且专业化的养老服务，能够在这里感受到家一般的温暖。张北县"公建民营"养老社区从投资建设到经营服务，在此过程中，政府、企业、消费者之间建立了稳定的网络关系，这得益于各行动者之间的利益诉求的协同性，使供需关系维持在相对平衡的状态，如果一方的利益诉求长期得不到回应，例如，政府的举措并未解决或缓解甚至加剧了当地空心村养老难的问题，企业经营效益低迷，以及老年人不愿接纳这种养老模式或不再有社区养老的需求时，各行动者之间不再能够建立起对话博弈机制时，这种稳定的网络关系便会趋于不稳定甚至低效状态。

5. 进入老龄化时代，政府如何动员和招募更多的行动者参与到空心村养老服务供给中？如何提升社会、市场各主体的积极性？

养老服务是一项准公共物品，涉及的项目大部分属于微利项目，但同时为确保空心村养老社区良好的发展，提升社会、市场等主体的积极性，让更

---

① 骆雯雁. 行动者网络理论的名与实及其对社会翻译学研究的意义 [J]. 外语学刊，2022（3）.

多的行动者参与到空心村养老服务供给中，就必须让参与者尤其是经营者"有利可图"。政府应进一步优化市场环境，在市场准入方面，简化企业和养老机构的准入审批程序，缓解养老机构床位供需错位的矛盾；在财税政策方面，通过加大对企业和养老机构的财政补贴，按照入住老人实际占有床位数，由同级财政部门对养老机构予以补助，对符合国家和地方税费优惠政策的企业及养老机构，依照规定，结合发展实际情况依法降低或免除企业所得税征收；在金融政策方面，引导金融机构向财务状况和信用状况良好的养老机构提供优惠贷款，降低养老机构融资成本，结合非营利性金融手段，加大对养老服务市场主体的支持力度；在土地政策方面，将农用地转用指标、新增用地指标适当向养老行业倾斜，有序、适度扩大用地供给，确保养老用地的总体规模，同时加强对养老用地的监管力度，对违反法律法规的用地采取依法收回等措施；除此之外，要明确非基本、个性化养老需求由市场调配的运作机制，推动不同性质与类型的养老企业协同发展，最大程度地激发市场活力。

考虑到养老服务业属于劳动密集型产业，需要大量老年社会工作者助力，养老护理人员是最为核心、需求度最高的人群，要全方位提升服务人员的专业素质、业务能力和服务质量。一是要拓宽养老护理人员的来源渠道。目前张北县空心村养老社区的护理人员大多是当地集中安置区的农民，这导致养老服务者来源单一、年龄结构失衡，因此当地政府要设法吸引更多专业领域的人参与到空心村养老服务供给中，采取灵活多样的人才引进机制，加强院校合作，定向培养护理专业人才，在出现护理人员阶段性短缺时，及时动员社会组织、大学生志愿者等，在对养老服务队伍进行必要补充的同时为行业增添更多活力。二是要加强养老服务教育培训。民政、人社部门要重视养老服务队伍建设，加强岗前、岗中培训，确保每位护理人员能够熟练掌握护理服务、心理健康、营养搭配、紧急救护等必备技能。定期开展业务培训，根据实际需要和行业规定不断学习和更新专业知识，全方位提升护理技能和服务质量。三是要畅通职业发展通道。在加大对养老护理人员规范化和职业化的培训力度的同时，政府要推进养老服务与社会其他工作的融合，畅通毕业生就业流动渠道，加快建立终身职业技能培训制度，完善养老服务职业技能等级认定政策，使养老服务提供者的就业空间更加广阔，职业道路更加畅通。四是要提高从业者的福利待遇和职业价值感。根据当地经济发展实际情况，在合理配置养老社区人员岗位结构的基础上，适当提高养老服务者的薪酬待遇，鼓励养老社区设立岗位补贴、以奖代补等激励政策，并在社会上加大对养老服务先进事迹的宣传力度，定期对从业者进行养老服务职业道德教育，在全社会营造敬老爱老的良好氛围。政府可以借助政策举措、人文关怀等途径建设一支数量充足、结构合理、能力过硬的养老服务队伍。

6. 结合政府、市场、社会三者的关系，如何把握空心村老人养老过程中政府职能的边界？

在涉及政府与其他主体的关系时，通常认为政府扮演"掌舵者"的角色，社会充当"划桨者"的角色，而其他社会主体则是各项活动的积极参与者。政府凭借在社会中的权威地位，通过一系列的政策设计、资源配置等活动对各种社会问题进行管理并提供公共服务。现代社会要求政府的准确定位是构建服务型政府，这就要求在推进空心村养老模式创新的过程中，政府主要负责前期基本方向的把握、招标企业质量的把控以及后期的监督检查等工作，以回应和解决各参与主体的需求为己任，最终获得群众满意。

政府是推动空心村养老模式创新的主要力量。由于政府的社会公信力，政府的一系列政策举措和行为方式会受到社会各方的关注，这也直接关系到空心村养老问题解决的顺利程度，要科学发挥政府职能，采用恰当的政策工具，政府干预过多、标准过于苛刻死板，群众容易产生抵触和逆反心理。如果管理过于宽松、标准不一，也很难达到预期效果，不利于工作的顺利开展。这要求政府在确定基本方向的同时，要切实把群众需求作为重要参考。同时，政府要根据空心村养老的现实情况，提高政策、资金、服务等的倾斜力度以及与农村老年人需求的匹配程度，在解决"空巢老人"养老问题的过程中不断建立完善相应的政策体系、制度框架和责任机制。[①]

---

① 崔红志. 共同富裕目标下农民养老的困境与应对 [J]. 当代经济管理，2022（11）.

课堂安排

本教学案例主题鲜明、脉络清晰、问题显著，但背后所涉及的现实因素众多，相关理论丰富且深刻，为了保证达到最佳的理论联系实际效果，并在激发学生浓厚兴趣的基础上，引导其发现问题、界定问题、分析问题、解决问题，训练其对知识的运用"能散能收"，课堂案例教学采用循序渐进的"引导提问＋分层研讨"的方式，共需 4 个课时，具体教学过程如下：

第 1 节课：案例分析预热，即在正式引入案例之前，先抛出问题，使学生形成问题意识和问题导向，以增强其在后续案例分析工作中的体验感与针对性。

请同学对养老问题进行思考，并结合身边具体实例交流讨论对养老问题的认识，并思考如何良好达到"老有所养"。

第 2 节课：课堂领读案例，并进行分层提问及分层讨论。

（1）根据案例正文，按照先后顺序逐步进行案例解读，并借助案例正文之外的文献、图片、录音等资料增强案例生动性。在案例解读中，注意提醒和引导所要探讨的问题。

（2）对案例正文末尾的案例思考题进行解读，说明和强调各题的提出背景及分析要点。

第 3—4 节课：案例分析讨论。

（1）围绕问题进行分组讨论。

（2）各组分别阐述观点及结论。

（3）持有不同观点的小组之间进行辩论。

（4）教师进行案例分析点评。

课后：各组分头进行案例分析总结，并提交案例分析报告。

其他教学支持

1. 可用现场调研来支撑案例分析。课外，可组织学生到案例发生地开展实地调研活动，通过对当地相关部门工作人员、老人、志愿者等进行座谈访谈、问卷调查、项目考察等方式，拓展案例分析的理论深度和实践广度。

2. 可采集与案例相关的音像材料以增强案例的生动性和鲜活性。

第六篇

从"狗伤人"到"人捕狗"的政策争论:
进退两难的人犬关系该何去何从

一、案例正文

从"狗伤人"到"人捕狗"的政策争论：
进退两难的人犬关系该何去何从

摘要：作为最早被人类驯化的动物之一，狗与人类有着长达数千年的密切关系史。狗被视为人类最好的朋友之一，是人类的重要伴侣和宠物，可以给人带来快乐、陪伴、慰藉和保护，但人与狗的关系中也存在一些特殊的问题和挑战，比如狗伤人事件、流浪狗的处理等。尤其近日多地爆发的狗重伤人、人暴力捕狗等恶劣事件让人狗关系愈加恶化，如何做到人类与狗和谐相处成了社会难题，进退两难的人犬关系该何去何从？

据此，本案例通过"起承转合"的论述方式解读从"狗伤人"到"人捕狗"的政策争论。首先，"起"定基调，讲述养狗生活潮流的时代背景；其次，"承""起"而续，分析"狗伤人"愈演愈烈的执行困局；再次，"转"开生面，探讨争议四起"人捕狗"的过度矫治；最后，"合"现事理，揭示案例背后事理与内含主旨，并给出山西临汾科学治理与人性救助模式的借鉴之方和加强协同合作、集聚各方力量的破解之策。在案例的展示和分析过程中，以政策执行的模糊性与冲突性两大因素为抓手，结合实证调查研究，借用模糊－冲突政策执行模型及施耐德和英格拉姆的政策工具理论对案例实证及其背后事理进行向下挖掘、向上提炼、左右拓展的深入剖析，以期用理论指导实践，有的放矢，为良好解决人犬关系问题提供可行性建议。

关键词：政策执行；模糊－冲突政策执行模型；政策工具；人犬关系

适用主题：公共政策分析；公共政策执行论；公共政策工具论；政策执行模型

（一）引言：养犬成风引发现实问题

随着经济发展、物质需求的满足，人们对精神财富的渴望提高，饲养宠物人群增加，尤其是养犬人数增多，养犬成为一种社会现象，而这引发了两方面严重的现实问题。一方面，狗伤人事件屡见不鲜，人们的人身安全受到了威胁与挑战，民众安全得不到保障；另一方面，频繁的狗伤人事件引发众怒和社会舆论，使一些严肃的处理、暴力捕狗的活动竞相开展，这让爱狗人士难以接受，直言血腥残忍，呼吁停止捕杀。如果争执得不到及时和解，人们的安全得不到保障，动物的生命得不到尊重，狗伤人事件会愈演愈烈，人捕狗行为也会更加肆无忌惮，不仅现存问题都未解决，而且未来还会有更多的矛盾被激化。

无论是"狗伤人"还是"人捕狗"，都是一个普遍性问题，全国各地区都深受人犬关系问题的困扰，况且由于各地实情不同，人犬关系又具备地域的特殊性，双重烦扰加剧了人犬矛盾。

（二）"起"定基调：养犬生活潮流的时代背景

随着我国经济的发展，全面建成小康社会，历史性地解决了绝对贫困问题，人们的物质需求得到了极大满足。与此同时，人们对美好生活的需求不断提高，对精神文化生活提出更高要求。越来越多的人将宠物视为精神寄托，养宠群体逐渐扩大，养宠成为生活潮流。此外，随着老年化加剧，传统婚姻、家庭、生育观念的转变，人口结构发生了变化，老年群体和独居群体增多，这部分群体更多地会选择养宠物来消弭孤独，慰藉心灵。

根据《宠物行业蓝皮书：2023 中国宠物行业发展报告》可知，目前我国养宠数量持续上升，养宠类型以犬猫为主。且狗相较于猫来说，种类差异显著、体型大、攻击性强。近年来，我国养犬现象呈现出以下特点：养犬数量逐年攀升，目前我国的犬只数量已超 1 亿只；犬种种类选择多样，无论是传统品种还是新兴品种都深受人们的喜爱；养犬观念逐步转变，人们更加注重犬只健康与动物福利；犬只管理逐步规范，一些城市出台了限制养犬的规定，同时加强了对违规养犬行为的处罚力度。

养犬成为生活潮流，但事物的发展总是双面的，养犬的变化也带来了一些问题和挑战，如不规范养犬行为、流浪犬问题等。如果对这些问题不加重视会导致问题逐渐恶化，影响人与动物和谐相处，也会阻碍社会精神文明建设与融洽友爱风气的形成。

（三）"承""起"而续："狗伤人"愈演愈烈的执行困局

在养宠群体逐渐扩大、养犬成为生活潮流的大背景下，一方面，犬只为人们提供情绪价值、满足人们的精神需求，是人类的好朋友；而另一方面，我国各地又多次曝出恶犬袭人以致人重伤死亡的恶劣事件，让人们不禁怀疑人犬和谐相处的可能性。人们对狗伤人事件深感痛心、竭力防范，但狗伤人事件却仍常有报道、屡禁不止，通过访谈社区居民可知，多数居民都听过甚至经历过狗伤人事件，这就形成了愈演愈烈的执行困局。

2018年，邯郸峰峰矿区临水镇两名小学生被恶犬疯狂扑咬致伤；2019年，保定市一名9岁女童在上学路上被两条恶狗咬死；2022年，河北邯郸一男孩不幸被4条狗咬伤致死；2023年，河北邢台六旬夫妇遭多条恶犬袭击导致1死1重伤……

狗伤人事件从未停止，尤其是前阵子多地都发生了狗伤人的恶劣事件，人犬关系的话题再次成为人们争议的焦点，人们对如何避免此类事件的发生展开了激烈的讨论，舆情逐渐走热。狗伤人事件屡禁不止的根源在于政策执行出现差错，一方面，各地重视犬只管理，多次下发条例文件；而另一方面，执行不力，导致各项政策难以落实、各种法律处于悬浮状态，形成了愈演愈烈的执行困局。据此，结合政策执行的模糊性、冲突性程度与不同政策执行工具的选择，可以分为以下四种不同的执行困境，它们体现了不同境况导致的政策执行偏差与"狗伤人"窘境。

1. 低模糊低冲突：轻微状态下的和解式处理

这种轻微状态下的和解式处理多发生在有主人的宠物犬且宠物犬对其他人的伤害影响较小的时候。法律对饲养的动物造成他人伤亡的情形有明确规定，且有主人的动物伤人有较为明确的责任人，模糊性低。而当宠物犬给他人带来的影响较小时，比如轻微抓伤或受惊时，事件的冲突性也较低。这时候基层人员往往采取"小事化了"的处理方式，通过劝说让双方和解来处理矛盾，并不会诉诸法律，这看似颇具人情且便捷和谐，实则埋下了隐患。

"处理此事件我感觉还是处罚力度不够，有些事情明明是狗主人犯了大错，遛狗不牵绳啥的，但是也没怎么处罚，长此以往，这种事没有尽头。"（D01，此为访谈对象的编码，下同）

"要我说就应该加大对狗伤人事件的处罚力度，对狗主人罚重点儿，他就有责任心了。"（D02）

这种轻微状态的和解性处理给很多民众留下了养狗人有恃无恐、不负责任的印象，而养狗人自身也更加肆无忌惮，文明规范养狗的意识更薄弱，导致后续的宠物犬伤人事件屡屡爆发。

"这些人没有自觉的，有的人买得起狗，没时间教育狗，就是没吃过亏，自己没啥损失。"（D02）

"就是狗主人的问题，狗主人自以为是，总认为自家狗不咬人，平时不拴绳遛狗也没人处罚他们，他们就更不在意文明养狗了。"（D03）

在这种情形下，即使执行人员想切实解决问题，也往往有心无力、无可奈何，由于执行要求和成本高，政策具体落实较为困难。一名治安管理支队副队长也表示，在处理涉犬警情时，民警吃闭门羹是常事，比如接到群众投诉犬吠扰民，他们到场处理时却被狗主人堵在门外，又不能破门而入，执法难，还耗费警力、时间。

2. 低模糊高冲突：主人拒责，不知羞耻下的执行悬浮

处理狗伤人事件还面临着一个重大困难挑战就是狗主人与被伤害人矛盾重重，无法达成一致，本是狗主人之错，他却拒绝承认。

有居民气愤地说："很生气，狗主人不负责任，明明就是狗的错，有人还非颠倒黑白说我家狗从不主动伤人，一定是别人故意挑逗在先。"（A04）

比起上述轻微状态下的和解式处理，主人拒责，不知羞耻下的执行悬浮才更惹人愤恨，有时候明明有确凿证据表明狗伤人事件中的确是狗的责任，而狗主人出于畏惧心理，怕承担费用或刑事责任，拒不承认实情，拒绝承担责任，让人们更加痛恨没有道德的养狗之人。

事情简单，责任明确，有理有证，可在执行过程中却还是困难重重，在这件事背后，我们看到了部分养犬人群的道德败坏、素质低下、责任感缺失

的严峻问题。

3.高模糊低冲突：情境模糊，标准差异下的难以执行

"狗伤人"屡禁不止的一大重要原因是模糊情境下的难以执行，比如养犬规范不统一、伤人情境的复杂性、担责主体的模糊性、相关部门推诿扯皮等。

首先，养犬规范不统一。由于没有国家级统一规定，中国大多数养犬管理条例都是由各城市自己制定，不同城市的养犬管理条例有所差异。四川成都崇州市咬伤女童的罗纳威狗体型庞大、外表凶猛、攻击性强，属烈性犬，在很多城市被定为禁养犬，但在成都却未被禁止，这就为烈性犬伤人埋下了隐患。况且由于各城市养犬条例不同，基层工作人员要说服主人放弃饲养多年且在其他城市就能饲养的爱犬更是难上加难，所以在禁养犬的管理上很难按照上级标准顺利实施。

其次，伤人情境的复杂性也大大加剧了执行困难。在狗伤人事件发生时，不能将错全部归咎于一方，有时候是因为路人故意挑逗，引发了狗的不安心理才导致狗失控伤人的。在此类伤人事件中，伤人情境复杂化，双方都有过错，整个过程没有赢家。受伤者令人怜惜，但如果受伤者不故意挑逗狗也不会发生此悲剧。伤人之犬固然有错，但若无人撩逗，恐怕也不会主动伤人，如此看来，狗也有无辜成分。

"狗毕竟是动物，再通人性也是有不可控因素的，不能完全认为它是安全的，所以呢，养狗的主人还是要负责任地看管好自己的爱犬，当然了，作为陌生人，也不要随意地去招惹狗狗！"（A03）

"狗伤人事件有时候也不能完全怪狗和狗主人，有两方面原因，一方面是因为主人没有做好防护，如给狗戴嘴套等，另一方面也可能是因为人没有注意狗或者故意挑逗狗，这个得具体情况具体分析。"（C03）

再次，担责主体的模糊性使狗伤人事件更加难以处理。宠物狗往往有明确担责人，但是流浪狗却没有，因此流浪狗伤人事件比普通狗伤人事件更加难以处理，引发的政策争论也更激烈。此外，狗并无人的意识，伤人后在没有监控、无人看管的情况下很有可能逃跑，狗都无法确定，更不要说狗的担责主体

人了，而这种狗逃逸的状况，无论是家养狗还是流浪狗，都有可能出现。

最后，相关部门推诿扯皮。一些地区并没有专管狗伤人事件的部门，处理此类问题职责模糊，易产生部门"踢皮球"的推诿"甩锅"。对于狗伤人事件，公安部门称其属于民事纠纷，不归本部门管；而有些城管局也表示大型犬不属于其负责范畴，应找其他部门处理。基层多个部门之间不协同、不合作、推诿扯皮，处罚落实困难。

"目前我所在的地区就没有专门的单位来管理流浪狗，这应该有专门的单位来管理，比如公安和畜牧之间、城管和公安之间应该联动起来。"（A01）

4. 高模糊高冲突：宽松管理下的法律弱化与人情枷锁

高模糊高冲突的执行情况与上述三种执行境况之间存在因果关系。由于低模糊低冲突中轻微状态下的人情化处理，低模糊高冲突中主人拒责、不知羞耻下的执行悬浮，高模糊低冲突中情境模糊、标准差异下的难以执行，加之政策执行过程中基层人员选择处理方式的单一，种种因素导致政策执行困难，狗伤人事件屡禁不止，最终演变为高模糊高冲突的执行境况。

一方面，高模糊性政策下，法律作用弱化。缺乏全国性统一的养犬管理标准，各地对禁养犬的犬种、体型、罚金等的标准不一，对不文明养狗的惩罚力度、流浪犬只的处置方式也各不相同。这就增大了整治狗伤人事件的难度，使不合规、不正当的养犬行为日益增多，"狗伤人"一再发生，问题难以根除。相关法律对养犬的规定也并不明确，较为繁杂且不统一，弱化了法律对养犬管理的强制作用。

另一方面，人情枷锁使执行的冲突性加剧。当狗伤人事件发生后要进行处罚管理时，一些爱狗人士往往进行批判，责怪处理方式太过残忍，对执行人员进行网络抨击，出于现实考量与舆论压力，执行人员进退两难，对处罚力度进行权衡，不敢轻易重罚。如一高校发生学生在校内被流浪狗追咬致伤事件，其实此类事件就是纵容校园流浪狗的恶果。原来早在事发前，学校就组织过捕杀处理流浪狗活动，但被一众爱狗人士疯狂围攻咒骂，使捕杀处理流浪狗行动最后不得不中止。有些学生喜爱小狗，经常喂食流浪狗，导致校园内成了流浪狗的聚集地，如果不加大对流浪狗的处理力度，那么流浪狗惊吓路人、追咬致伤事件就还会发生。

（四）"转"开生面：争议四起，"人捕狗"的过度矫治

在频繁发生的狗伤人事件的惨痛代价和舆论压力之下，多地都紧急发文，声称将严管养狗，加大对宠物犬的排查力度，对不文明、不合规、不正当、不合法养狗行为的惩罚力度以及对流浪狗的捕捉处理力度。在此过程中，一些行为引发舆论争议。鉴于上级压力与舆论关注，很多基层采取了粗放的执行方式，大规模捕杀辖区内的流浪狗。刚性的执行方式、暴力的处理手段引起民愤，社会上发出"不爱请别伤害""一只狗犯错不应让所有狗连坐"等呼声。就如"狗伤人"一样，"人捕狗"同样引起了质疑与争议，舆论失焦、走向偏转，人们呼吁保护流浪狗。

与此同时，整治狗患的争论声浪未平甚至更加波涛汹涌。有人声称，整治狗患不能因惧怕流浪狗处置个案引起的反抗就偃旗息鼓，否则只会是恶性循环。政策执行陷入"爱狗"和"厌狗"的对立争论中，政策执行在两者的反复拉锯和循环博弈中走向分割撕裂。

"不可以一竿子打死，不能因为有狗伤害人的事情发生，就认为狗是有害的。"（D03）

"很痛心，养狗的人把狗看作是家庭的一分子，捕狗太残忍，有点不近人情。"（A04）

过去宽松的管理下的执行不力导致狗伤人事件频发，如今事态严重，为了防范此类事件，进行严格管理与检查，采取单一政策执行工具，以致出现行政粗放、刚性执行、连坐处理、暴力捕捉等过激行为，引发人们的不满与舆论纷争。在"人捕狗"过程中，引起纷争和不满的主要是对不规范养狗行为的刚性处置和对流浪狗的残忍捕杀。

1.低模糊高冲突：权责不对等，增生与捕杀的现实悖论

为保障民众安全，捕捉不合规、不合法的流浪狗是合情合理的，但"人捕狗"还存在不少争议，主要原因在于养狗人的权利与义务不对等，流浪狗数量不断增加与大量捕杀流浪狗的现实悖论。

其一，养狗人的权利与义务不对等。为了防止犬只伤人，法律规定养狗要办证、遛狗要拴绳，而事实却是很多宠物狗都没有办证、直接领养了，这不只涉及养狗人的素质低下、办理程序不合规等因素，还说明了养狗的权利与义务的不对等。我国办养犬证需要费用，证件具备有效期，逾期需重办，各地的养犬证不同，更换居住地也需重办，办证费用较高且费时费力，因此，人们办证积极性不高，有证的养犬人士数量并不可观。并且宠物配套公共服务设施缺乏，很多城市都没有专门的犬类活动中心，狗只能在普通的场所里活动，这增加了狗伤人风险，使一些厌狗人群极其抵制遛狗行为。而一旦开展排查捕捉行动，大量无证却有明确主人的狗将被统一抓走处理，这又往往被爱狗人士指责不合情。

其二，流浪狗数量不断增加与大量捕杀流浪狗的现实悖论。多地大力开展捕狗行动，但流浪狗却又泛滥成灾，捕捉流浪狗治标不治本，未能从源头上解决流浪狗数量不断增加的问题，一味地暴力处理，残忍且无效。

"养犬人弃养狗的多，没有意识到问题的严重性，外地游客也有类似行为，将狗遗弃在外地。包括现在一些饭店附近，食物充裕，经常有流浪狗，也有一些人会投喂流浪狗。"（C04）

流浪动物安置中心的一位负责人说，有一些不道德的狗主人给他们留下丢弃地点后就逃跑了。这不仅加大了流浪动物安置中心的工作量，而且大大增多了流浪狗数量，为社会带来不确定的潜在性危险。流浪动物保护中心的志愿者也表示，现在收容基地的狗数量增多，在狗身上的花费很多，现在基地根本无力支付众多费用，而且收容所地方有限，根本不可能收留所有流浪狗。且收容处救助流浪狗的数量和流浪狗被领养的数量间存在较大差距，收容的多、领养的少，入多出少，基地容量很容易就饱和了。

流浪狗泛滥成灾除狗主人的疏忽失德、责任缺失等原因外，还有一个重要因素，即非法无序繁殖。养狗的背后还存在黑色产业链，一些无良商家在没有动物保护证和经营许可证的情况下私自繁殖，繁殖狗数量众多，品种好的就留下买卖，品种不好的直接遗弃，繁殖狗没有管控，导致流浪狗数量不断增加。

2. 高模糊低冲突：罔顾情境的"一刀切"刚性处置

出于上级严管与舆论压力，执行人员不顾情境，采取"一刀切"的处置方式，刚性处理不规范的养狗行为，暴力处置流浪狗。

"捕狗肯定感觉不仁道，但是保护人更重要。这类事应该达成共识，温顺的动物应该保护，伤人的就应该捕捉。困难就是怎样达成共识，什么狗该捕捉，什么狗不该。"（D01）

"人暴力捕狗这种事，是想给伤者和舆论一个交代，可能方式没采用对，'一刀切'了。"（A04）

"养犬人肯定会有一些抵触情绪和行为，要考虑到捕走之后如何处理的问题。流浪狗数量达到一定规模后，会怎么处理，也是一个问题。"（C03）

对于流浪狗的处置，不少地区选择大力进行整治，把流浪狗统一送到基地，将没有证的宠物狗一律看作流浪狗进行处理。居民们对此规定有所不满，有居民反映，家养的狗在门口玩的时候就被抓走了，甚至在抓捕流浪狗的过程中有些流浪狗就地被打死了。有些地区严格规定每户限养一只狗，多余犬只要上交。其实这个规定大家都心知肚明，但是过去从未严格执行，如今又再次实施了。可是有些爱心人士多年来坚持喂养流浪狗，养了多年也养了多只，已喂养的流浪狗真的就要放弃吗？上交处理的最后结果真的好过喂养救助吗？难道只有强制这一条道路了吗？执行部门不顾情境，刚性处置，强制收回犬只，不仅使爱狗人士心寒，更是让人犬关系进退两难。

3. 高模糊高冲突：刚性处置引起的冲突爆发与舆论重压

高模糊低冲突下的"一刀切"的刚性处理方式引发不满，激化矛盾，加之爱狗人士和厌狗人士对于处置犬只的目的和手段本身就存在冲突，"人捕狗"的执行情况极易由高模糊低冲突变为高模糊高冲突。

一方面，高模糊情境下的行政粗放与监督缺失。对流浪犬进行统一管理处置本无可厚非，但实际上流浪狗被捕捉的下场往往就是被惨痛杀害。由于狗伤人事件频发，多地纷纷开展捕捉流浪狗的专项活动，每天城管部门送到流浪狗基地的流浪狗都超负荷。出于成本考量，基地流浪狗数量饱和后，很可能会对无法接收的流浪狗进行就地处置。此外，由于缺乏监督，目前不少流浪犬收容机构大多"有名无实"，有些收容所甚至成了动物的"黑暗地狱"，不过是把"公开捕杀"变为了"隐秘捕杀"，处理流浪狗本来是公益慈善行为，却由于行政粗放与监督缺失变成了不当的行为。

另一方面，高冲突执行下的暴力处置与包容缺失。高模糊下的刚性执行使人犬关系问题日益暴力化发展，冲突加剧。不少小区的物业成立"打狗小队"，保安暴力处置流浪狗；有部分地方见狗就抓、狗反抗就打死。"流浪狗一律处死""未拴绳狗一律当流浪狗处置""对流浪犬进行扑杀以绝后患"等暴力行为，不仅未能解决根本性问题，还激化了人狗矛盾。甚至有些非理性的厌狗群体私自去报复狗，喂食投毒、狗粮加毒、当场击杀等恶性行为时有发生。

"有的人可能是为了减少狗咬人事件的发生，但是也存在心理偏激的行为。"（C03）

"管事单位不管呗，指望狗主人自觉那不太可能。受害人就自己出手处理狗了。"（D02）

对于流浪狗的处置目标和手段，不同群体间存在冲突和矛盾，体现了不同的思想观念与利益。一类是支持流浪狗一律处死以绝后患和严重处罚不规范养狗行为的群体，认为防患大于情理，声称自己是"犬患"（包括不处理的犬只粪便、噪声污染、动辄受惊吓的风险等）的受害者，他们要求流浪犬一律处死，加大对"狗伤人"的处罚力度；另一类由养狗者和爱狗人士等组成，他们认为动物和人一样皆为生灵，对宠物进行良好管教可以减少其伤人的概率，流浪犬应得到爱心救助与科学处理，可收容、可领养，并且认为养狗人也有养狗的相应权利而不只是一味地承担义务，不应被不养狗的人们当成异端、危险分子。

"我就不喜欢狗，有时候电梯里不得不碰上，再可爱的狗也是主人觉得可爱，我不喜欢。未来希望和养狗的人分流。"（D02）

"民众安全与动物权益不一定能达到一致，因为有的人明确地厌弃狗，有的人却很喜欢狗，很难又保护动物权益，又确保狗不伤人。"（A06）

随着"狗伤人"及"人捕狗"的持续发生，两方的冲突逐渐加剧，人犬关系又该何去何从？

（五）"合"现事理：管理不当与保护缺乏

无论是"狗伤人"还是"人捕狗"，都离不开"动物伤人谁负责""流浪动物怎么处理""动物权益有无保障"这三个问题，而这两种争议、三类问题都紧紧围绕着两大主题：管理与保护。

在狗伤人事件中，在不同程度的模糊性、冲突性的执行境况中的执行不力，归根到底是未做好犬只管理工作。狗伤人事件层出不穷，舆论焦点上升，冲突加剧，导致多地对犬只的管理由放任宽松变为严格处置。基层在具体执行过程中采取单一方式，忽略动物权益，缺少动物保护意识，又导致舆论反转。这主要是因为管理不当与保护缺乏，做好科学管理与动物保护两项工作并使二者统一融合是突破口。

1. 管理不当

（1）全国普遍性且专门性的犬只管理法律缺失

"国家应该出台饲养宠物的相关规定，依法依规养宠，这样问题就少多了。"（A05）

全国并没有普遍性且专门性的犬只管理法律，没有专门性法规，没有"狗伤人"的司法解释，刑法中对此也没有专设罪名。对于流浪犬的管理工作，虽然有部分立法涉及流浪动物处理，但是在实际执行的过程当中，出于存在着"互相矛盾""难以衔接""防范较少""情境复杂"等诸多原因，执行人员并没有严格按照法律的要求去执行，难以产生有效成果。

（2）各地犬只管理条例统一明确标准困难

出于经济、地理、文化等诸多因素，各地区的养犬管理条例有所差别，全国难有统一的明确标准。其一，各地禁养犬标准不同。全国各地禁养犬目录相差颇大。其二，各地养犬数量限制各异。其三，各地养犬办理免疫手续的时限和频次不同。

（3）犬只管理宽松懈怠

犬只管理宽松懈怠，不严格规范，文明养犬之风便难以形成。虽有明文指出，不戴牌、不拴绳遛狗是违法行为，并且在多数地区都已规定任何人都有权利劝阻、举报和投诉不遵守养犬法规的行为。然而，不文明养犬、遛狗的行为仍频频发生，并且举报的作用微乎其微。即便有狗伤人事件，闹上法庭也很少有入罪的情况。城市自行制定的犬只管理条例效力不高、权威有限，有些管理规则形同虚设，遏制不住不文明养犬之风，阻碍不了恶狗伤人，不能总在付出惨烈代价后，才想起牵好狗绳、文明养犬。文明养犬良好社会风尚的形成不应建立在众多狗伤人事件的惨痛代价下，不应建立在血泪教训、声声哀叹之下，而应主动、自觉、积极形成。

（4）养犬管理模糊含混

养犬管理并不清晰明确，常常含糊其词。其一，养犬管理职权划分不清晰细化，目前大部分城市的养犬管理工作由公安主管，有的归城管主管，而犬只管理还涉及其他多个部门，在具体的执行过程中极易出现各部门推诿扯皮的现象。并且养犬管理工作的执行部门，相较于其他执行部门较为边缘，在人手、经费、装备等资源上存在不足。其二，对于具体怎样文明养犬，管理部门未明确规定，比如怎样使用狗绳、不牵绳会有什么严重后果等。

管理仅从末端入手，忽视源头治理，在末端粗暴执行，未能寻根溯源，忽视事件本因。这么多年，狗伤人事件依然屡禁不止，归根结底的问题在于"人"，在于管理不当。

2. 保护缺乏

（1）全国性动物保护法缺失

我国有完善的野生动物保护法，却尚未建立全国性动物保护法，这是因为建立动物保护法不只是单一的法律性问题，它更像是一个复杂的社会性问题，对于动物的法律地位，社会上仍存在较大争议，社会共识未达成统一，动物保护必要性难以确认，各地情境不同、执行成本较大等问题也阻碍了动物保护法的出台。

然而，我们更应注意到，全国性动物保护法的缺失只是问题的表象，归根到底其实是保护与包容意识薄弱，法律作为底线，只能起到"硬"规定作用，但更重要的其实是"软"约束，是观念、思想与道德素质的约束。

（2）保护与包容意识薄弱

在流浪动物的生存权和民众的安全孰轻孰重的问题上，舆论难以达成共识。但实际上二者并不是完全对立的，做好动物保护工作既是在保护狗，更是在保护人。如果动物保护意识薄弱，那么采取的保护行为也就微乎其微。

"人们对动物保护的重视程度要提高，对处理流浪狗的问题方法和措施也要不断探索和改进，不能太野蛮，我们期待看到更多的人关注流浪狗问题，实现对流浪狗的有效管理和保护。"（A02）

一个孤立的事件不能成为所有流浪狗被捕杀的理由，一只恶犬咬人不该让所有流浪狗"背锅"。流浪狗问题的解决道阻且长，需要全社会的理解包容与共同努力，绝非"一刀切"的捕杀就可以解决。

（3）法律与责任意识匮乏

养狗人养狗不合法、不负责、不合理管教、不关心爱护，导致"狗伤人"与流浪狗数量不断增加，既缺乏法律意识，又欠缺责任心。此外，虐待犬只事件的频繁发生和黑色繁殖产业的发展也同法律与责任意识匮乏密切相关。

不文明养狗现象、流浪狗被打杀是一种悲哀，我们应该以文明的方式来解决狗给人造成的困扰，监督不文明的养犬行为，加强管理，协同合作，共同解决管理不当与保护缺失的问题，一箭双雕，双管齐下。

（六）借鉴之方：山西临汾的科学治理与人性救助模式

山西临汾城管部门采取了科学治理与人性救助模式，既有效防止了狗伤人事件的发生，也减少了人恶劣捕狗的行为，为妥善解决人犬关系问题提供了良好的借鉴之方。

临汾城管部门的工作人员在城市开展巡查，发现符合条件的流浪狗就进行"温柔"捕捉，并将抓到的狗统一送到动物保护基地。基地有专人进行护理，这些被送到基地的狗会接受绝育手术，以控制繁殖数量。分开管理公、母狗，保证妥善照顾每只狗。在此过程中，如果发现有暴力倾向的狗，会对其实施安乐死，而不是用残忍野蛮的方式打死。如果有人想要领养狗，可以直接前往基地领养，爱心人士也可以给保护基地捐款献爱心。此外，还积极宣传，加强养狗责任教育，让狗主人积极承担责任。

随着这些正确措施的持续开展，山西临汾的流浪狗数量大大减少，人们也对城管的良性捕狗工作有了更多理解和支持，越来越多的市民群众自觉文明养犬，遛狗拴绳。

山西临汾的科学治理与人性救助模式是两全其美的解决方案。它不仅体现了人道的关怀和科学的管理，也符合各方的利益和关切。临汾的做法让我们看到了科学、智慧、有效的执行管理方式的重要性和价值。各方通过合作努力，共同创造了一个更加文明、和谐、安全的社会环境，实现了城市的温度、安全和人情味并存。

（七）正确走向：加强协同合作，实现和谐共处

"狗伤人""人捕狗"看似是两类事件，其实二者相交相融，一体两面，归根到底是人犬关系问题，事关犬只的管理和保护，破解之策在于加强协同合作，做好科学管理与动物保护的统一，促使人犬关系走向正确道路，实现人犬和谐共处。

1. 国家层面

"对于狗伤人问题，需要健全相关法律及处罚条例，并设立专门遛狗区域及流浪狗处理部门。"（D01）

"养狗人必须遛狗牵狗绳。国家和地方应该设立相关的法律法规及制度规章规范养狗行为。"（B01）

国家完善犬只管理与保护的上层法律。现有法律不完善、不明确，滞后于社会发展与时代要求，国家要完善并更新犬只管理法律法规。在管理要求中增加人性化内容，同时，养犬管理要清晰明确，对禁养犬的类型与标准、不文明养犬行为的处罚、管理部门与职权划分等都要有明确规定，为各部门各组织分工明确、相互配合、各司其职、各尽其责做好保障工作，防止各部门推诿扯皮阻碍政策落实，做到有法可依、有法必依、执法必严、违法必究。

"狗存在疫苗接种问题，接种疫苗也会需要资金和人力。还有处理流浪狗的问题，在相关法律方面也不明确。"（A02）

此外，国家应适当增加在动物管理与保护上的投入，尤其是有关疫苗接种方面的，疫苗接种所需费用较高，而狂犬病的危害不言而喻，无论是家养犬还是流浪犬都可能携带狂犬病毒，因此应注意防范。加大疫苗接种的资金投入，及时给犬只注射疫苗，重视疫苗用在狗身上的防范用处而不只是用在人身上的治理用处，疫苗接种重在防范而不是治理。

2. 各地政府

"政府要加大对大型犬、烈性犬等城区禁养犬种的打击力度。"（C02）

各地政府积极发挥作用，遵守上级规范标准，有力执行，让政策真正落实，地方各级政府做好政策的上传下达工作，同时注重宣传，采取多种方式推动犬只的科学管理与爱心保护，不应该只是单一地管理制止，而应该是管理约束、鼓励劝说与教育宣传并举，既严管不文明养犬行为、严厉打击不合法繁殖产业，又要积极宣传文明理念。此外，可创新发展以政府为管理核心的多中心养犬治犬模式。各地政府要积极作为，带头勇为，对上遵守国家法律法规，对下规范实施地区的养犬条例细则。

3. 基层人员

"基层执行人员的话，执法部门就是要加大执法力度，加强对宠物狗的管理，加大对流浪狗的捕获，社区的话，就是继续进行文明养狗宣传，做一些宣传的内容，让居民能够提高安全意识。"（B02）

"管理部门和执行人员采取有效措施，在捕捉的同时，注意对犬类不造成其他伤害，用好捕狗网、镇静剂等柔性方式。"（C05）

基层人员不只包括基层政府部门的执行人员、派出所民警等，还包括社区工作人员等，他们是最直接接触居民群众的群体，他们的处理方式方法最能直接影响人犬关系走向。基层人员要妥善、恰当、正确地处理"狗伤人""人捕狗"。严罚不规范养犬行为，如遛狗不牵绳等，把危险扼杀在摇篮中，防患于未然；妥善捕捉、处置流浪犬，因地制宜，灵活动态，不能罔顾情境而"一刀切"地刚性处理。同时，重视社区、物业安保等第一线人员的作用，把矛盾化解在最底层。

4. 人民群众

首先，养犬人要自觉文明养狗，满足养狗办证、遛狗拴绳等最基本条件，这是对狗的保障，更是对人的保护。其次，普通居民保持正常心态，与狗保持一定的安全距离，不主动挑拨、逗弄狗，遇到不文明养狗行为要及时劝阻或举报。最后，爱犬人士为保护、救助犬只贡献自己的力量，可为动物保护基地、流浪收容组织献爱心，为犬只救助与保护事业尽一份心意，以实际行动落实爱心理念，缓解与厌狗人士的矛盾。

"养狗的人遛狗必须牵绳，让自己的狗不能伤人，这是最基本的事情了。"（A02）

"狗的主人应该给狗戴上狗链，不养禁养犬，居民做好个人防护，与狗保持安全距离。"（A05）

5. 社会风气

推动形成文明养犬与尊重生命的社会风气。动物和人类和谐相处、缓解民众安全与动物权益的矛盾、减少狗伤人事件、制止人暴力捕狗的行为需要每一个人的努力。提高社会包容度，培育爱护动物的社会风气，建设专门的动物公园、动物医院，尊重生命。相信在社会全体成员的共同努力下，矛盾终将缓解，社会终将和谐，民众安全与动物管理保护终将一体化发展。

"流浪狗是无辜的受害者，它们需要我们的呵护与关爱。只有我们大家行动起来，才能让更多的流浪狗得到救助。"（D01）

"多换位思考，养宠物有有益的一方面，也有不好的一方面，在平时的生活中还是要多理解。"（C05）

6. 社区自治

社区常常是第一事发地点，也是矛盾纠纷聚集地，以社区为抓手，推动人犬关系走向和谐。通过访谈可知，大多数居民都重视社区在处理人犬关系问题上的重要作用。在社区规划好犬只活动场所，既保护居民人身安全，又保障动物活动自由，同时社区还可发动有能力的爱犬人士合法领养流浪狗。

"社区做好管理，规定好遛狗的时间、路线与地点，这个是很重要的。"（A05）

"社区需要认真管理，避免此类事件的发生，我们社区管得挺好，很少有狗伤人事件发生。"（C05）

"社区无权干涉别人养狗的权利，但可以对不拴狗链出门遛狗的行为进行监督。对不拴狗链外出的行为，第一次发现可以提醒，但如果屡次不改，希望可以有惩戒措施。"（D03）

图 6-1　社区里的文明养犬标识

（八）余音绕梁：正确道路走向上落实的困难与面临的挑战

通过聚焦鲜明案例、新闻报道和舆论，以"起承转合"的方式解析从"狗伤人"到"人捕狗"转变的执行过程。以案例为抓手探究现状背后的逻辑脉络，出现执行争论的根源在于政策执行出现了偏差，对不同程度的模糊性、冲突性的执行偏差情况进行了分析，在多种范式中概括出关键要点即管理与保护，并针对两大要点给出借鉴之方和正确走向，引导进退两难的人犬关系走向平衡和谐。

上文给出的走向是较为理想化的，具备演绎色彩，对实际落实的可能性与面临的挑战需要进一步思考。国家要健全完善犬只管理与动物保护的法律，但对于养犬规定，各地依据实情不可能达到一致，建立全国性养犬管理法律的难点在于要兼顾各地风俗，这就对模糊性与清晰化之间的平衡提出了要求，况且二者本身也不是绝对的而是相对的，在立法时如何找到二者的平衡点？地方在执行改革中如何兼顾统一标准与灵活运用？流浪动物收容等机构能否具备"自我造血"功能，以减少资金来源并不固定、场地和人力有限、极大程度上依赖外界捐助的尴尬处境？在当今科技迅猛发展的数智时代，科学技术是一种重要手段，技术又该如何助力解决人犬关系问题？文明养犬与尊重生命的社会风气，需要提高社会包容度，社会成员就动物权益（保护）与民众安全达成一致，而根据阿罗不可能定理（如果众多的社会成员具有不同的偏好，而社会又有多种备选方案，那么在民主的制度下不可能得到令所有的人都满意的结果），人们真的可以彻底消解冲突、达成理想状态的一致吗？

种种问题，需要我们继续深入地思考摸索与探究学习，人犬关系是值得深入拓展、持续关注的一个社会话题。期待在全社会的共同努力下，人犬关系可形成双赢结果，于人顺心合意，于狗妥善处理。道阻且长，行则将至；行而不辍，未来可期；协作并进，志在和谐。

二、案例思考题（根据课程及授课章节与内容选择使用）

1. 整个事件的来龙去脉是什么？引发的政策争论有什么？

2. 在"狗伤人"愈演愈烈的执行境况中，不同执行情况的模糊性、冲突性各自体现在哪里？又何以出现犬进人退的困境？

3. 在"人捕狗"争议四起的过度矫治中，不同执行情况的模糊性、冲突性各自体现在哪里？又何以出现人进犬退的尴尬境地？

4. 案例中是如何体现管理与保护要点的？它们和模糊性与冲突性是如何联结在一起的？

5. 你认为该如何破解人犬关系进退两难的困局？如何发挥政策主体与政策工具的作用来推动政策执行、解决人犬矛盾呢？

三、案例说明书

从"狗伤人"到"人捕狗"的政策争论：
进退两难的人犬关系该何去何从

课前准备

1. 知识准备：教师在使用本案例开展教学活动时，应根据案例适用的课程及章节内容，选择性地支持学生学习掌握与政策分析、政策执行、模糊－冲突政策执行模型、政策工具等有关的理论知识，透过案例理顺逻辑关系，理解内含的理论知识，避免简单表面地就事论事分析，实现理论与实践的良好结合。

2. 资料准备：《公共政策分析》教科书及有关教学资料（学生自备）；案例手册（统一印制，人手一份）；复印相关参考资料（统一印制，人手一份）。

3. 器材准备：多媒体设备；笔记本电脑；教学白板；白纸及笔若干。

适用对象

该案例主要适用于公共政策分析课程。

由于公共政策分析课程是 MPA 的学位核心课程，公共政策分析能力是所有方向 MPA 学生应具备的通用素质，因此该案例适用于各个方向的 MPA 学生。

教学目标

1. 理清脉络，理解知识。通过对案例的递进层次分析，让学生掌握事件的来龙去脉，理清逻辑脉络，解析深剖问题。通过将所学有关理论知识应用于该案例分析，从而使学生实现对知识的理解、消化和吸收。理清脉络与理解知识相结合，做到案例故事、事理逻辑、理论知识的良好结合。

2. 总结经验，学以致用。总结有关公共政策执行的相关经验，使学生打好政策分析的理论基础和实践基础。提高学生运用所学知识发现、分析和解决公共政策问题的实践能力，使其能够学以致用，融会贯通，举一反三。

3. 启迪思考，训练思维。通过案例教学及互动讨论，形成观点与思想的碰撞，达到启迪学生思维的目的。结合案例、运用知识，在分析中训练和提升学生的逻辑思维能力，提高学生推理判断的合理性和缜密性，使其思维方式逐渐条理化、系统化、结构化。

4. 多元提高，加强协作。通过案例的教学分析，增强学生多方面的能力，多元训练，综合提高学生的语言表达、交流沟通、要义提炼、决策推理、分析判断等能力。培养学生们的团队精神与协作能力，学生根据各自的工作经历和实践经验针对案例提出不同看法见解，相互交流讨论，彼此启迪，形成"整体大于部分之和"的效果。

相关知识

1. 政策执行

政策执行是政策执行者通过建立组织机构，运用各种政策资源，采取解释、宣传、实验、实施、协调与监控等各种行动，将政策观念的内容转化为实际效果，从而实现既定政策目标的活动过程。因此，可以把政策执行界定为一个动态的过程，一个将政策所规定的内容转化为现实的过程，政策执行过程本质上是一个多元参与者互动的政治过程，包含了一些基本程序或一系列功能性活动。

2. 模糊－冲突政策执行模型

模糊性与冲突性是政策执行过程中不可忽视的两大要素，政策冲突性是指在执行过程或执行结果中产生的摩擦、争辩，政策的实质就是价值的权威性分配，所属团体不同、思想理念各异、利益归属矛盾，在价值分配上就会产生冲突。冲突不可能完全消除，根源在于价值分配与人类多样性。政策模糊性是我们更应注意到的特征，以往的二元对立观点认为，政策越清晰，越利于执行，政策模糊意味着政策过程成了"黑箱"，带有极大不确定性，同时，含糊其词、模棱两可，容易导致政策失败，误导了人们。模糊性本身是个中性词，并无褒贬含义。模糊性可能会使政策前景不易观明，但这同样也为政策执行带来了自由余地与缓冲空间，提高了政策执行过程中的可行、适应、包容与自主。① 而且绝对清晰存在于完全理性的基础之上，本身就是无法达到的。政策模糊性的提出更加贴合实际的政策执行过程。因此，冲突性与模糊性是政策的两大固有特征，根本无法完全消除，研究政策的冲突性与模糊性从来都不是在研究其有还是无，而是在研究其高低程度。

Matland 通过研究政策模糊性与冲突性，构建了模糊－冲突政策执行模型，为政策执行的研究奠定更为广泛统一的基础。② 模糊性是指政策目标、

---

① 韩志明. 政策过程的模糊性及其策略模式：理解国家治理的复杂性 [J]. 学海，2017（6）.

② Richard E. Matland . Synthesizing the Implementation Literature：The Ambiguity-Conflict Model of Policy Implementation[J].Journal of Public Administration Research and Theory 1995（2）.

技术手段、参与者的模糊不清；冲突性是指政策涉及的利益各方由于价值观念不同、实际情况有别在目标选择与执行手段上的冲突。[①]在模型中探究受模糊性与冲突性影响的政策执行支配性因素，确定了四种执行范式：低模糊-低冲突的行政性执行、低模糊-高冲突的政治性执行、高模糊-低冲突的实验性执行、高模糊-高冲突的象征性执行，这四种执行范式的支配性因素分别为：资源、权力、情境、优势联盟（表6-1）。所谓支配性因素，是指在政策执行过程中促使政策顺利、成功的关键要素。

		冲突性	
		低	高
模糊性	低	行政性执行 （支配性因素：资源）	政治性执行 （支配性因素：权力）
	高	实验性执行 （支配性因素：情境）	象征性执行 （支配性因素：优势联盟）

表6-1　模糊-冲突政策执行模型

3. 政策工具理论（施耐德和英格拉姆政策工具理论）

工具指的是主体为实现特定目的或是为履行特定职责而采用的技术、措施、机制、方法、策略与手段等。[②]政策工具是指达成政策目标的一种手段。[③]政策工具理论的相关研究兴起于 20 世纪 80 年代，伴随着全球化、信息化、市场化等时代翻涌浪潮，西方各国相继开展政府改革行动，注重追求效率、改善管理绩效[④]。政策工具逐渐受到关注与重视。政策工具越来越与行政体制改革和具体领域的公共管理密切联系在一起，成为公共管理与政策科学的研究焦点。在全球化背景下，西方思想理论涌入我国，加之我国社会实践的发展变化，我国专家学者对政策工具理论进行整体化系统思考并对其进行本土

① 孙强强. 官员向下表态与政策执行过程匹配研究：基于"模糊-冲突"模型的分析 [J]. 天津行政学院学报，2023（4）.

② 孙志建. 政府治理的工具基础：西方政策工具理论的知识学诠释 [J]. 公共行政评论，2011（3）.

③ 陈振明. 政府工具导论 [M]. 北京：北京大学出版社，2009.

④ 陈振明，薛澜. 中国公共管理理论研究的重点领域和主题 [J]. 中国社会科学，2007（3）.

化的中国式情境研究。政策工具研究内容多样，包含的领域广阔，政策工具理论的发展使公共管理研究能够更好地落实到具体操作和政策执行层面[①]，更加注重微观层面，有利于在复杂多元主体交织影响的背景下，通过分析比较来选择适当的工具或通过多维构建来进行工具的优化组合，以便顺利达成政策目标、完成政策任务。

施耐德和英格拉姆注重政策工具的微观特征与政策行为的动机假设，提出了政策工具的五种类型：权威型、激励型、能力型、符号与劝说型、学习型。权威型政策工具，以政府合法权力为保障，以正当性权威为基础，在指定的情况下要求、允许、禁止某些行为；激励型政策工具，以实际诱导激励行为发生；能力型政策工具，提供信息、培训、教育和资源，使个人、团体或机构能够做出决策或开展行动；符号与劝说型政策工具，指人们的行为动机来自内心，包括自身的价值观与信仰体系；学习型政策工具，指人们具有学习意识，可以通过学习行为来增进对问题的理解并能从其他多种工具中选择有效工具。[②]

要点分析

1. 整个事件的来龙去脉是什么？引发的政策争论有什么？

整个案例的呈现是"起承转合"的。

"起"为背景，养犬成为生活潮流，但同时也带来一些问题。

"承"接上文，过去对犬只的管理较为宽松，加之养犬规范的不一致与规范执行的高成本、高难度，基层执行人员难以真正落实政策，相关法律政策起不到应有作用，导致恶犬伤人事件频频发生，形成屡禁不止的执行困局。低模糊-低冲突的轻微状态之下的和解式处理，低模糊-高冲突的主人拒责、主管推诿下的执行困境，高模糊-低冲突的情境复杂、标准差异下的难以界定，导致不文明养狗人肆无忌惮、实施惩罚难上加难、问题归因难以

① 黄红华. 政策工具理论的兴起及其在中国的发展 [J]. 社会科学，2010（4）.

② Ingram, Schneider Helen.Behavioral Assumptions of Policy Tools[J].Journal of Politics, 1990,（2）.

确定。前三种执行不力的情境致使事件最后变为高模糊-高冲突的执行情境，人们对恶犬伤人积怨已深，舆论冲突严重。

"转"折变化，在多类犬只伤人事件爆发后，迫于舆论声讨，多地开始严格执行对宠物的管理，大力抓捕流浪犬。抓捕流浪犬过程中出现了低模糊-高冲突的权责不对等、增生与捕杀的现实悖论，高模糊-低冲突的罔顾情境的刚性"一刀切"处置，抓捕处理变为暴力捕杀，执行情况的冲突性加剧，演变为高模糊-高冲突的刚性处置下引起的冲突爆发与舆论重压，人们批判残忍、暴力、杀戮、无情，形成舆情的反转。社会上出现"严管养犬、严处流浪犬"和"保护流浪犬"的对立争论。

"合"现主旨，无论是"恶犬伤人"，还是"暴力捕狗"，都离不开"动物伤人谁负责""流浪动物怎么处理""动物权益有无保障"这三个问题，而这两种争议、三类问题都紧紧围绕着两大主题：管理与保护，案例最终的落脚点在于管理和保护。

引发的政策争论：围绕民众安全与动物权益孰轻孰重形成三大问题、两大主题，三大问题即动物伤人谁负责、流浪动物怎么处理、动物权益有无保障，两大主题即管理与保护。

2. 在"狗伤人"愈演愈烈的执行境况中，不同执行情况的模糊性、冲突性各自体现在哪里？又何以出现犬进人退的困境？

（1）暗藏危机

当狗伤人事件未造成严重影响或给受害人带来的损害较小时，执行处于低模糊-低冲突下的轻微状态，事件往往简单清晰，模糊性低；受害人和狗主人也因伤害较小而易于处理问题，冲突性低。若双方有摩擦需要解决时，基层人员也难以出手处理，因为影响有限，涉及的严峻问题少，真正处罚狗主人的可能性较小，他们也只能进行和解式处理。

真正落实处罚成本高、难度大，加之最初的小影响、低伤害的轻微状况，主客观交织影响，执行人员并不严格按照上级政策执行，而是采取和解处理的方式。这种具备人情味的社会性处理看似无可非议，实则暗藏危机，后患无穷。狗主人可能更加无所顾忌，不规范养犬，助长不文明养狗风气，恶狗伤人事件出现概率大大提高。

（2）争执显现

当伤人情境明确且狗主人与被伤人就伤人问题不能达成一致时，对于此问题的争执便显现了，这时执行状态低模糊－高冲突下的政治性执行。伤人情境明确，有理有证，证实狗与被害人之间的因果关系，模糊性低；但狗主人却未能正确认识到过错，拒绝承担责任，冲突性高。

素质低下的养犬人群不仅未能文明、规范养犬，并且在出事后不负责、不担当，人们对此痛恨不已，部分人对狗及养狗之人更加愤恨，激化了社会矛盾，影响人犬关系和谐。因为主人拒责，基层人员落实处罚也需费时费力，给执行悬浮造就可能的空间，关于狗的相关问题的社会讨论也更加激烈。部分养犬人群的道德败坏与责任心缺失引发了一系列严肃的社会问题。

（3）矛盾加剧

模糊情形之下，政策难以分辨，执行难以落实，处罚难以实施，关于狗伤人问题的矛盾加剧，养犬规范各异、伤人情境复杂、担责主体模糊、部门扯皮推诿，模糊性极高，政策执行状态为高模糊－低冲突下的实验性执行。

养犬管理条例大都由各城市自行制定，其中对于养犬的要求、规范、标准难免有所差异，缺乏全国统一明确标准，执行起来效用有限，威慑不足，难以服众。此外，目前我国的禁养犬名单欠缺科学性和合理性，比较随意，与国际尚未接轨。这些禁养犬名单是根据犬只的身高等条件而不是严格按照犬只的品种、天性等条件划分的，缺乏对大型犬和烈性犬的区分。

伤人情境复杂多样更是加剧了情境的模糊性，具体细分为：其一，根据《中华人民共和国民法典》第一千二百四十五条："饲养的动物造成他人损害的，动物饲养人或者管理人应当承担侵权责任；但是，能够证明损害是因被侵权人故意或者重大过失造成的，可以不承担或者减轻责任。"但准确判定损害是否由被伤害人故意造成的绝非易事，证据很难被明确搜集到，即使有明确证据证明被伤害人有故意成分，可对于判罚的减轻程度没有统一标准，需要视具体情况而定，这又加大了执行难度。其二，《中华人民共和国民法典》第一千二百五十条："因第三人的过错致使动物造成他人损害的，被侵权人可以向动物饲养人或者管理人请求赔偿，也可以向第三人请求赔偿。"第三方过错这一因素增加了伤人情境的模糊性与复杂性，此外，第三方亦有逃逸的可能，执行判罚障碍重重。其三，在伤人事件发生时，由于未采集到犬咬人的照片或视频、缺少犬只咬人事件的目击者陈述、缺少犬只标识信息等问题，不能形成完整的证据链以证明侵权行为、损害结果以及因果关系，判罚困难，不能准确严格执行处罚规定，未能对狗伤人行为起到威慑作用。

担责主体模糊，虽然《中华人民共和国民法典》第一千二百四十九条规定，"遗弃、逃逸的动物在遗弃、逃逸期间造成他人损害的，由动物原饲养人或者管理人承担侵权责任"，明确了原主人和长期喂养者为担责主体，但现实操作性低。遗弃的狗很难找到原主人，还有一些流浪狗是由多人喂养的，并无单一、长期喂养主体，没有特殊的饲养关系，周边的人们出于爱心可能偶尔放置一些食物给流浪犬，这样就会难以分辨担责主体。若是将喂养犬只的人全部处罚，根本不现实，还会伤害一些善良有爱心的爱犬人士，激化矛盾。针对狗逃逸问题，虽然多地的养犬管理规定，每只登记在册的犬只都应该在户外活动时佩戴犬牌，针对犬牌进行处置，但在实践中，由于养犬人数众多，执行起来难度大、成本高，很多城市难以做到这一点，无法更无人核查，所以在狗伤人时无法定位到肇事犬的现象时有发生。

相关部门对于养犬的职责划分模糊，各部门推诿责任、消极应付。国家提倡地方相关部门应该切实担起矛盾化解责任，让矛盾化解在基层，但是基层没有专门管理此类的专业部门，导致各部门之间推诿扯皮，互相"甩锅"，政策落实困难，冲突重重，激起了严重的恶劣影响。

（4）愈演愈烈

在低模糊－低冲突执行境况中埋下危机，在低模糊－高冲突执行境况中争执显现、冲突加剧，在高模糊－低冲突执行境况中难以落实、矛盾加大，最终导致狗伤人事件屡禁不止、处罚难实施，"狗伤人"愈发猖獗，整个执行情况演变为高模糊－高冲突的象征性执行范式，基层人员实施措施乏力。一方面，法规条例等对犬管理问题的作用有效，模糊性高，弱化了法律对养犬管理的强制作用；另一方面，社会上对严管犬只的舆论声讨使严管执行寸步难行，冲突性高，一些整改活动往往不了了之，未能起到作用，形成狗伤人—处罚式微—狗再次伤人的恶性循环。总之，"硬规定"不到位，只依靠说教管理、思想教育等"软手段"作用有限，造成了"狗伤人"愈演愈烈的局面。

3.在"人捕狗"争议四起的过度矫治中，不同执行情况的模糊性、冲突性各自体现在哪里？又何以出现人进犬退的尴尬境地？

（1）忽视源头

捕捉不合规的宠物犬与流浪犬是保障公众安全和动物权益的明智之举，社会上对此达成了较为一致的看法，模糊性低，但是捕捉其实只是在问题的末尾进行处理，忽视了源头治理，未对问题进行深入思考探究，只在末端进行控制，引发争议，冲突性高。

其一，对于不合规的宠物犬的处理，大都是捕捉没有办理狗证的宠物犬，而现实情况是由于办证需要费用且证件有时间、地点等多重限制，导致证件给养狗人带来的权利与义务并不对等，养狗人所需承担的责任多，拥有权利少，加之部分养狗人群文明养狗观念薄弱，导致人们办狗证积极性并不高。其二，对于不合规的流浪狗的捕捉，只进行粗暴的末端处理，而忽视流浪犬数量大量增加的根本原因。由于主人的疏忽、缺乏管束，一些狗外出时跑掉，而狗主人责任意识淡薄，不设法寻找或是根本没有途径与方法去搜寻走失的宠物狗。还有一些养狗人出于种种原因弃养宠物狗，据调查，弃养狗的原因主要有：养狗费用提高、宠物狗患病、家里有孩童孕妇不方便、一时兴起养狗后又怕麻烦等，不管出于何种原因，弃养就是对宠物、对社会的不负责任。弃养于宠物而言是灭顶之灾，于社会而言是隐藏的风险。此外，非法无序繁殖更是造成了流浪狗数量不断增加，根据相关法律要求，动物繁殖要"有证有照"，有证有照意味着正规化运营、满足防疫、动物福利等诸多条件。然而，国内的繁育市场几乎都是地下的"黑产业"，对狗进行非法繁殖，这不仅扰乱社会秩序，还危及社会安全，繁殖没有管控，动物源源不断，很多地区为了防止狂犬病的多发以及创建文明城市的目标，对流浪狗进行大量捕杀。

流浪狗的数量大量增加与不负责任的弃养行为、逐利的无序繁殖密切相关，而这些问题都是制度缺失、管理缺位的直接投射，对流浪犬进行大量捕杀并不是在从源头上管制，而是在末端进行的控制，简单粗暴地消灭掉流浪狗缺乏理性。

（2）捕捉方式单一

在捕捉不合规的宠物犬与流浪犬时，实际情形往往复杂多样，模糊性高，而执行人员忽视情境，粗放执行，罔顾过程与效果，一味追求执行结果，引起了舆论纷争与居民不满。采取单一的捕捉方式，只重视强制工具而忽视其他灵活工具，不顾当地的具体情况，将没证的狗一律作为流浪狗统一处理，如此处理过于粗暴简单，罔顾多种因素交织带来的复杂情形。

（3）争论骤增

忽视源头和捕捉方式单一交织影响，导致争议骤增，罔顾情境的"一刀切"刚性处置使冲突加剧，执行境况转变为高模糊－高冲突的执行范式。

流浪狗处理的理想状态应是交由专业收养协会或保护组织，但是这种方式执行起来成本较高，加之资源缺乏、资金短缺导致这些机构大都饱和，无能力处理众多流浪狗。所以很多地区采取暴力执行的方式，在捕狗过程中出现了就地捕杀、痛击打死等暴力行为，令人们不满。处理不应该变成杀害，捕捉不等于捕杀，收容整治不应变成暴力打狗。此外，社会包容度低，不仅有暴力捕杀等行为，甚至还发生了故意杀害、恶毒报复等残忍行为，社会上关于狗的问题的冲突加剧，争论骤增，难以处理。

4. 案例中是如何体现管理与保护要点的？它们和模糊性与冲突性是如何联结在一起的？

从"狗伤人"到"人捕狗"的政策执行争议在于未能处理好动物权益与民众安全的关系，未能做到犬只管理与保护的统一，归根到底是未能妥善处理人犬关系问题，造成高模糊－高冲突的政策执行范式，导致"狗伤人"愈演愈烈与"人捕狗"过度矫治的执行悖论。人犬关系进退两难，跋前疐后，犬进人退则狗伤人事件频发，人进犬退则人暴力捕狗，从"狗伤人"到"人捕狗"，案例背后的事理是管理与保护两大主题，"狗伤人"实质是管理问题，"人捕狗"本质是保护问题。以高模糊性与高冲突性、管理与保护为基点，构建四维框架，更深入地探析人犬关系进退两难的发生机理。

（1）高模糊－管理

高模糊－管理体现在法规有限与职权不清两方面。其一，法规有限，目前我国并没有专门性的犬只管理法律，法律"硬手段"发挥的威慑强制作用有限，处罚也落实困难。养犬管理大都按照各城市自行制定的条例执行，各城市情况有别，条例不一，有一定合理性，但在一些重要问题上缺乏全国普遍性标准会难以服众，执行起来较为困难。其二，职权不清，缺乏专门管理犬只的部门，其他相关部门涉及处理此类问题时权责划分不清，模糊性高，各部门推诿扯皮、消极处理、敷衍应付、执行不力。因此，狗伤人事件频发、肆意猖獗。

（2）高冲突－管理

高冲突－管理体现在资源短缺与权责失衡两方面。其一，资源短缺，管理犬只需要充足的人力、物力、财力等，目前，我国在犬只管理方面的投入有限，人力、物力等资源不足，资金匮乏，疫苗接种工作难以在全国范围内展开，狂犬疫苗大都接种在人身上，给狗接种疫苗的工作明显落后，只重治疗，而忽视防控。此外，为解决狗伤人后逃逸、流浪遗弃问题，可为犬类植入芯片，但推广犬类植入芯片工作，需要大量资金与精力，目前现有资源难以支撑这项工作，有主人的宠物犬都很难做到全部植入芯片，更不用说为全国流浪狗都植入芯片了。另外，建立全国联网的动物芯片登记系统也需要时间，目前仅能在少数大城市实施。其二，权责失衡，在犬只管理方面重限制、轻权益，重责任、轻权利，管理条例中大都提及了养犬的限制而对其权益未加详细说明，比如很多地区都未设置专门的犬类活动公园、流浪狗管理基地等。

（3）高模糊－保护

高模糊－保护体现在法律滞后与监督缺失两方面。其一，法律滞后，虽然我国出台了野生动物保护法，但是目前我国尚未有全国性的动物保护法，社会上对于动物的法律地位的意见尚未达成统一，针对"动物"的明确划分、针对"保护"的清晰定义还待进一步探究。究其实质，不管动物保护法是否会出台，虐待动物都不可取，动物权益都应存在，法律应随着时代的演变、社会的前进而更新发展，适当补充与动物保护的相关法律条文，使动物权益保护更加清晰明确，减少暴力捕杀狗等行为的发生。其二，监督缺失，犬只保护的监督缺失，造成了遗弃丢弃、非法繁殖、残忍捕杀、虐待荼毒等恶劣行为的发生，监督工作是动物保护的一项重要保障，监督欠缺就像失去了一道屏障。

（4）高冲突－保护

高冲突－保护体现在包容度低与轻视伦理两方面。其一，包容度低，社会包容意识差，部分人群对动物权益置之不理，甚至有部分厌狗群体私自打击、报复狗以及狗主人，爱狗人士对残忍杀害狗的行为痛恨不已，社会矛盾逐渐加剧，双方各执一词，并且都不愿和解妥协，最终的结果只能是社会对立、舆论撕裂，影响了社会的秩序与稳定。其二，轻视伦理，这里的伦理指的是动物伦理，所有生命都具有"内在价值"，应本着最小牺牲原则达到"帕累托最优"，应该尊重动物的生命与价值，正确处理人犬关系。人权与动物权益并不是矛盾悖论，保护动物权益并不是以人权的退步为前提的，人与动物和谐相处，达到自然的平衡状态，这对人类进步也是有益的，从而形成良性循环。

5. 你认为该如何破解人犬关系进退两难的困局？如何发挥政策主体与政策工具的作用来推动政策执行、解决人犬矛盾呢？

人犬关系进退两难，"狗伤人"屡禁不止，"人捕狗"恶劣残暴，随着争论加剧，人犬关系陷入高模糊－高冲突的执行困局中，对此，以高模糊－高冲突政策执行的支配性因素——优势联盟为抓手，结合案例，将优势联盟具体化为协同合作，以协同合作为关键所在，攻陷高模糊与高冲突、管理与保护的四维发生机理，协同合作，逐个破解。协同合作又细分为多元主体与多样工具，各主体加强合作、达成一致，形成强大政策推动力，推动政策顺利执行，各工具恰当使用、灵活处理，形成有效助力，切实达成政策目标（图6-2）。

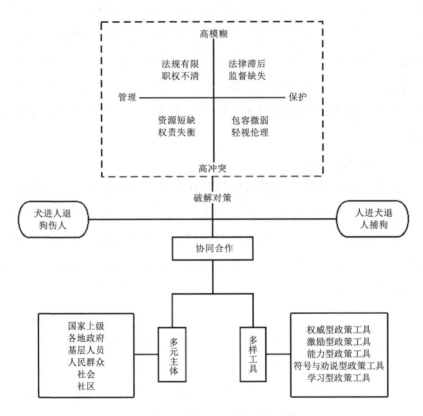

图 6-2　人犬关系进退两难的破解对策

（1）主体多元

①顶层设计发力，完善相关法律

国家完善相关法律，做好指导性、规范性工作，兼顾各地风俗建立完善养犬管理相关法律，为犬只管理和保护的工作提供稳定性、持续性、制度性、法治性保障。在根本性、基础性的问题上做好规定，以系统化、整体化的观点看待问题、解决问题，在本质、大局上做好明晰，减少模糊性带来的摇摆不定与执行困难。同时，在具体细节化处理上为地方留有自由变通空间，防止绝对化规定带来的刚性处理。

②各地政府践行，平衡模糊性和清晰性

在国家出台规范性法律时，地方将执行与改革同时并举，平衡好模糊性与清晰性，一方面遵守上级规范标准，有力执行，让政策真正落实，做好政策的上传下达工作；另一方面重视本地实情，灵活制定养犬管理条例，使其内容丰富、动态灵活，既包含管理规定又体现保护权益，既遵从顶层设计又符合风俗实际，让管理条例可以在本地区的模糊性空间里实现清晰化处理。

③基层积极作为，把握执行尺度

基层人员要真正发挥作用，勤勉执行，敬业履职，不因主观懈怠而推诿扯皮，不因困难挫折而敷衍搪塞，与其他各部门各成员达成良好协作，不推诿、不避责，承担自己的职责，追求务实作风。此外，基层人员在具体执行过程中要重视情境，把握执行尺度，切勿罔顾实情而"一刀切"地"刻板管理""刚性处置"，要以实情为场域，以公共利益为基点，使各方利益平衡，矛盾得到解决。

④人民群众齐心，携手推进和谐

尽管利益难以达成完全一致，冲突难以完全清除，但人民群众可以相互谅解，齐心协力推进社会和谐。首先，提高法律意识与道德修养，尤其是要增强养犬人的文明素质，坚持养狗自律原则，增强责任意识，知责于心，担责于行，遵守养犬规范，养狗办证，遛狗拴绳，做好宠物狗的定期检查与防疫工作，不随意遗弃，对宠物负责，更对社会负责。其次，爱犬人士积极发挥作用，爱犬不应只是停留于言语，更应落实到行动中，为犬只保护事业尽自己微薄的力量，力所能及地帮助犬只的科学治理、人情救助工作，不要做"思想的巨人、行动的矮子"，要以实际行动落实爱心理念，缓解与厌狗人士的矛盾。最后，发挥人民群众的监督力量，监督社会上的不文明养犬和暴力捕杀行为，无论是保障民众安全，还是保护动物权益，人民群众都有权利也有义务去做好监督工作。

⑤社会力量齐聚，增添包容理解

推动形成文明养犬与尊重生命的社会风气，动物和人类和谐相处、缓解民众安全与动物权益的矛盾需要全社会的包容与理解。一方面，调动社会力量，充分发挥第三部门、社会团体、非营利性民营部门的作用，减轻已饱和的救助收容动物组织的压力，积极吸纳资金、设备等社会资源，以社会力量推动流浪狗爱心救助工作，进行正当合规的流浪犬领养活动。此外，还要发展收容机构"自我造血"的能力，提高其内在动能，调动、丰富其内在资源，防止其因外来资源匮乏就导致运作瘫痪的现象发生。另一方面，培育爱护动物的社会风气，在社会上建设专门的动物公园、动物医院，尊重生命，形成文明和谐的社会风尚，使民众安全与动物管理保护一体化发展。

⑥社区自治先行，一线化解矛盾

社区是一定自然地理区域里人们生活的集合体，人们在社区内相互联系，彼此影响，可以共同创建社区功能，管理社区事务。社区自治在管理与保护犬只、正确处理人犬关系方面发挥着独特作用。其一，发挥社区自治力量，社区往往是事件发生的第一线，在一线做好治理工作，化解人犬矛盾。做好社区的物业管理工作，把"狗伤人"的风险与"人捕狗"的残暴之间的矛盾化解在最底层，物业可与业主委员会达成宠物饲养管理协议，加强对物业保安的专业培训与工作指导，使其能及时处置宠物影响小区治安秩序的事件。[①] 其二，发展社区志愿服务，引导社区群众开展有关犬只管理与流浪狗救助的志愿活动，这对社会文明风尚的形成也有所助益，在开展志愿活动时吸纳专业人才前来指导，提高社区犬只管理与保护活动的科学性与专业性。

（2）工具多样

①权威型政策工具

正确使用权威型政策工具。发挥法律强制力量，做到有法可依，有法必依，执法必严，违法必究。法治社会支持依法养犬，也需要依法养犬，严格执法既是法律权威、社会责任，更是民心所向、长效机制，只有法律强制规范，政策执行才能威慑有效。根据法律处罚不文明、不规范养犬行为，使养犬人心有畏惧，从而规范养犬行为，形成文明养犬的社会风尚，打破"狗伤人"屡禁不止的困局。

②激励型政策工具

擅于运用激励型政策工具。发挥正向激励作用，促使保护民众安全与动

---

① 何银松.论城市居民宠物饲养存在的问题与对策[J].上海公安高等专科学校学报,2008(2).

物权益一体化发展，鼓励养狗办证，在办理相关证件时不止要求规范与限制，更要提供服务与保障，让养犬人认识到办证带来的积极作用，从而主动办理并及时更新证件，既能减少不规范养犬行为，又能降低犬只遗弃频率。同时，为积极监督不文明养犬、非法繁殖及暴力捕杀行为的民众提供适当奖励，提升社会监督的力量。

③能力型政策工具

灵活运用能力型政策工具。能力型政策工具强调提供信息、培训、教育和资源促使组织开展执行活动。具体来说，能力型政策工具表现在三个方面。第一，宣传推广，提供信息与培训，向社会大众宣传讲解文明养犬规范与动物保护权益的相关知识，通过宣传推广促使社会上形成管理与保护统一发展的文明理念，为政策执行与推动提供良好的外部环境与社会氛围。第二，技术助力，社会问题解决的尽头是科学技术，在科技迅猛发展的数智时代，科学技术是解决人犬关系问题的重要手段，善用电子技术、研发新型疫苗，减少人犬矛盾与冲突。借助技术手段，运用互联网高级技术平台，对犬只进行电子识别，建立电子档案，植入技术芯片，可快速得到犬只相关信息，帮助定位肇事犬、遗弃犬，有助于清晰担责主体。同时，可利用电子技术便捷处理养犬办证登记，在大数据平台上完成云处理，节省费用并且为养犬人士及其宠物提供相应服务保障。第三，资金支持，通过提高在犬只管理方面的资金投入，适当加大对疫苗开发与接种的投入、对流浪动物收容机构的投入，充足的资金保障、富裕的资源支持是破解人犬关系进退两难的关键举措。

④符号与劝说型政策工具

积极使用符号与劝说型政策工具。提高人民群众的道德素质与法律意识，让民众正确认识人犬问题，理解管理与保护的关系，发自内心地支持政策并愿为政策的顺利执行贡献力量、作出努力。让政策本质与人民群众的价值观相符，无论是政策制定还是政策执行，都要以人民群众为出发点、落脚点，促使群众理解并支持政策，自觉践行，内化于心，外化于行，入脑入心，以知促行。此外，利用符号与劝说型政策工具也要让人们清晰地认识到挑逗犬只的危害，提高人民的自我保护意识，不随意撩逗挑弄狗，对犬只时时刻保持警惕。

⑤学习型政策工具

创新应用学习型政策工具。通过学习可以增进对人犬问题的理解并有利于良好破解人犬关系困局。学习借鉴和谐处理人犬关系问题的优秀案例，吸收经验。比如学习借鉴新型流浪犬处理方式——TNR+领养，TNR即捕捉（trap）、绝育（neuter）、释放（release），是目前得到普遍认可的避免宠物过度繁殖从而被遗弃、流浪的方式之一。TNR+领养就是指捕捉流浪犬送至收容机构进行绝育处理，将绝育后的犬只进行标记观察，一些温顺的流浪犬可列入收养清单等待爱狗人士的领养，对于没有被领养的犬只，温和的可放回原区，其余的等待进一步的跟踪观察，没有被领养且不符合放回条件的犬只由收容机构收容。这样不仅可以缓解动物收容机构的压力，还方便后续的流浪犬管理工作，将捕捉、绝育、释放、收养等多重行为融为一体，构建流浪犬管理－保护机制，防止粗暴残忍捕狗，缓和社会矛盾。当然此模式也存在一些缺点，比如见效缓慢、成本高昂等，但其终究是创新型对策，并有一定的借鉴价值。学习型政策工具重在学习欣赏，重在借鉴吸收，以便更深入地了解问题、选择工具、解决问题，同时学习型政策工具强调政策工具的良好结合与动态灵活，鼓励随着社会的发展、情境的变化而灵活处置，切勿刚性刻板。

课堂安排

本教学案例主题鲜明、脉络清晰、问题显著，背后所涉及的现实因素众多，相关理论丰富且深刻。进行案例研究旨在训练学生理论联系实际的能力，使其掌握知识并能灵活运用到实际中，做到学以致用、举一反三。因此，课堂案例教学采用循序渐进的"引导提问＋分层研讨"的方式，尊重学生的主体地位，重在教学互动，激发学生浓厚的学习兴趣，努力让学生掌握、吃透案例，并通过案例启发思想、提升能力。案例教学以案例为"壳"，梳理案例背后事理，掌握案例内含的理论知识，做到案例、事理、理论三者的良好结合，引导学生发现问题、界定问题、分析问题、解决问题并对问题有自己独到的见解和思考。

本案例教学共需 4 个课时，具体教学过程如下：

第 1 节课：熟悉相关知识＋预热案例分析，做好案例分析的准备铺垫工作。

（1）温故而知新，带领学生复习有关政策执行的相关知识，引入新的学习知识：模糊－冲突政策执行模型与政策工具理论，向学生讲解知识概况。（15 分钟）

（2）在正式分析案例之前，引出问题，形成问题意识和问题导向，让学生们结合问题进行思考，谈谈对于"狗伤人"及"人捕狗"的看法，最好请在有关执行部门工作过的学生结合实例来谈。（15 分钟）

（3）向每一位学生分发案例手册，并配套分发与该案例有关的、不同时期的新闻资料，人手一份。先不进入正式的案例分析部分，让学生们自己浏览和阅读案例相关附件中的有关新闻报道，同时，播放有关人犬关系的视频，让学生根据新闻和视频，结合理论知识，论述自己的感受和理解。（20 分钟）

第 2 节课：课堂领读案例＋详细解析＋说明要点＋提出问题，做好案例分析的解读剖析工作。循循善诱，做好解读案例、引导学生思考的工作的同时学会留白，留给学生广阔的讨论空间，做到案例的解析与启发并重。

（1）根据案例正文，按照先后顺序逐步进行案例解读。在案例解读中注重生动性与导向性，借助案例正文外的文献、图片、声音、视频等增强案例生动性，吸引学生的注意力，提高学生的学习积极性；解读只是过程，不是目的，在解读过程中注意引出所要探讨的问题，将其视为一条线索贯彻到解析案例中去。也可选择在案例解读前让同学们了解相关问题，接着带着问题去解读案例，在解析案例的过程中寻找答案，引导学生思考。（25 分钟）

（2）麻雀解剖式详细研究案例，通过案例中的现象追根溯源，找到案例背后的事理，结合专业的理论知识进行深入解析探讨，做到案例实践、背后事理与理论知识三者的良好结合。（15 分钟）

（3）对案例正文末尾的案例思考题进行讲解，说明和强调各题的提出背景及分析要点。讲解案例思考题可以通过教师解说或者师生问答互动等多种方式进行。（10 分钟）

第 3 节课：案例分析研讨，做好案例分析的深究探讨工作 。

围绕问题进行分组讨论，小组内设组长和记录员，组长协调组内讨论，记录员整理归纳好组员的陈述意见，每位同学在小组讨论中都要发表看法、见解，充分发挥积极性。讨论形式多样，但基本内容应包括：发掘问题、聚焦问题、剖析问题、解决方案、理清逻辑脉络、进行评价、总结经验教训等。（50 分钟）

第 4 节课：分组陈述＋组间辩论＋教师点评归纳，做好案例分析的总结工作。

（1）各组分别阐述观点及结论。（20 分钟）

（2）持有不同观点的小组之间进行辩论。（20 分钟）

（3）教师进行案例分析点评与归纳总结。（10 分钟）

课后：各组分头进行案例分析总结，并提交案例分析报告，做好案例分析的收尾工作。

其他教学支持

1. 现场调研。可用现场调研来支撑案例分析，组织学生就恶犬伤人及暴力捕狗的话题开展问卷调查、现场访谈及实际调查，拓展案例分析的理论深度和实践广度。

2. 现身说法。可邀请案例当事人（包括受伤者及其家属、养狗人士、养犬管理部门人员、流浪动物收容机构人员、动物保护组织人员、普通市民等）单独或集体来到课堂，就案例进行现场说法。

3. 视听辅助。可采集与案例相关的音像材料与网络评论留言，以增强案例的生动性和鲜活性，聚焦教学重点，提高学生的学习兴趣。

4. 角色扮演。可通过角色扮演让学生设身处地地进行思考，迫使其在案例故事的情景中做出决定，以便于学生在有限时空的"可控情境"内充分参与、学习、分析及表达。

四、案例相关附件

案例相关附件1
关于"狗伤人"与"人捕狗"主题的访谈提纲

一、访谈目的

通过访谈河北基层执行人员及社区居民，扎根实地进行研究，切实了解狗伤人与人捕狗事件的发生缘由、来龙去脉、处理措施、最终结果以及预防建议，为案例分析报告提供研究实证，为案例分析提供真实依据。

二、访谈对象

基层执行人员（包括基层部门工作者、派出所民警、社区工作人员等）及社区居民。

三、访谈方法

采用结构化访谈方式，以"狗伤人""人捕狗"为访谈主题，具体列举访谈的题目，让访谈对象对此谈谈观点和看法，以便更好地了解实际情况。同时注意访谈的灵活性，不僵硬死板，可针对不同基层执行人员的特点和职责及社区居民的反映灵活调整访谈提纲的内容。

四、访谈内容

（一）访谈基层执行人员

1. 基层人员基本信息

（1）所在地区。

（2）职业。

（3）职务。

（4）具体所在部门。

（5）工作时间。

2. 关于"狗伤人"事件

（1）请介绍一下您所在的地区近年来狗伤人事件的发生情况。

（2）您认为这些事件发生的主要原因是什么？

（3）在处理狗伤人事件时，您通常采取哪些措施？

（4）您认为在处理此类事件的过程中存在哪些困难和挑战？

（5）您认为处理这类事件的正确做法是什么？可通过哪些措施来减少狗伤人事件的发生？

（6）您对未来狗伤人事件的预防和处理有何建议和展望？

3. 关于"人捕狗"事件

（1）请介绍一下您所在的地区近年来人捕狗事件的发生情况。

（2）您认为这些事件发生的主要原因是什么？

（3）在处理流浪狗或禁养犬时，您通常采取哪些措施？

（4）您认为在处理此类事件的过程中存在哪些困难和挑战？

（5）您认为可以通过哪些措施来正确处理此类事件，以更好地保障民众安全与动物权益？

（6）您对未来此类事件的处理有何建议和展望？

4. 关于民众安全与动物权益

（1）您认为人们可否就人犬关系达成一致，平衡民众安全与动物权益二者之间关系？

（2）若不能，您认为问题出在哪里？

（3）若能，您认为基层执行人员在此过程中应发挥何种作用？

（二）访谈社区居民

1. 社区居民基本信息

（1）职业。

（2）您家中是否有养宠物？如果有，是什么宠物？

（3）您家与邻居或社区其他居民因为宠物发生过矛盾、摩擦吗？

2. 关于狗伤人事件

（1）您是否亲身经历过或听说过狗伤人事件？

（2）您对这类事件有何看法和感受？

（3）您认为这些事件发生的原因是什么？

（4）您认为应该如何处理和预防此类事件？

（5）您认为社区在狗伤人事件发生的过程中应起什么作用？社区实际做到了吗？若未能做到，原因是什么？有何措施改进？

3. 关于"人捕狗"事件

（1）您是否亲身经历过或听说过人捕狗事件？

（2）您对这类事件有何看法和感受？

（3）您认为这些事件发生的原因是什么？

（4）您认为应该如何处理和预防此类事件？

（5）您认为社区在管理流浪狗的过程中应起什么作用？社区实际做到了吗？若未能做到，原因是什么？有何措施改进？

4. 关于民众安全与动物权益

（1）您对家养宠物狗有何看法或改进意见？

（2）您对流浪狗是何态度？您认为该如何处理流浪狗？

（3）您认为现今社区人犬关系如何？您希望的理想化人犬关系又是怎样的？未来社区人犬关系的发展趋势是怎样的？能否达成您希望的理想化状态？

（4）您认为民众安全与动物权益能否达成一致？若能，您认为可采取哪些措施达成一致？若不能，您认为问题出在哪里？

五、注意事项

1. 访谈过程中要注意保护受访者的隐私和利益。

2. 访谈前注明社区具体位置和名称。

3. 负责访谈的同学根据访谈提纲进行访谈，在访谈过程中做好访谈笔记，记好访谈实录，照好访谈照片。

案例相关附件2

访谈对象编码及其信息

以下是关于本案例访谈对象的信息，为了保证个人隐私与信息安全，现对访谈对象进行数字编码，并列出其相应的信息，具体编码及信息如下表所示：

编号	身份	访谈时间	访谈地点	负责人
A01	社区主任	2024 年 1 月 11 日	河北省廊坊市安次区光明街道	C 成员
A02	社区主任	2024 年 1 月 12 日	河北省廊坊市广阳区新华路	C 成员
A03	普通居民	2024 年 1 月 15 日	河北省廊坊市安次区光明街道	C 成员
A04	普通居民	2024 年 1 月 15 日	河北省廊坊市安次区西昌路	C 成员
A05	公务人员	2024 年 1 月 13 日	河北省廊坊市广阳区新华路	C 成员
A06	物业经理	2024 年 1 月 12 日	河北省廊坊市安次区光明西街	C 成员
B01	普通居民	2024 年 1 月 16 日	河北省秦皇岛市河北大街 550 号	L 成员
B02	社区工作者	2024 年 1 月 16 日	河北省秦皇岛市南岭东路与山东堡路交会处	L 成员
C01	基层工作人员	2024 年 1 月 15 日	河北省秦皇岛市北戴河区联峰北路 16 号	N 成员
C02	基层工作人员	2024 年 1 月 15 日	河北省秦皇岛市北戴河区联峰北路 16 号	N 成员
C03	普通居民	2024 年 1 月 16 日	河北省秦皇岛市北戴河区海三路与北四路交叉口	N 成员
C04	普通居民	2024 年 1 月 16 日	河北省秦皇岛市北戴河区海三路与北四路交叉口	N 成员
C05	普通居民	2024 年 1 月 15 日	河北省秦皇岛市海港区山东堡路秦皇半岛五区门口	N 成员
D01	社区工作人员	2024 年 1 月 13 日	河北省秦皇岛市开发区兴龙尚府居委会	Z 成员
D02	普通居民	2024 年 1 月 15 日	河北省秦皇岛市海港区竹海小区	Z 成员
D03	普通居民	2024 年 1 月 15 日	河北省秦皇岛市开发区秦皇大街 369 号	Z 成员

参 考 文 献

[1] 王名，张智勇，仝志辉．中国公共管理案例（第一辑）[M]．北京：清华大学出版社，2005．

[2] 陈潭，刘庆乐，张林峰．公共政策案例分析 [M]．北京：社会科学文献出版社，2008．

[3] 王伟，曹丽媛．公共管理案例分析（社会治理卷）[M]．北京：中国经济出版社，2014．

[4] 金太军，赵晖．公共管理案例分析 [M]．上海：华东师范大学出版社，2006．

[5] 王丽丽，王欢明．公共管理教学案例 [M]．大连：大连理工大学出版社，2018．

[6] Richard Stillman.Public Administration：Concepts and Cases [M]. California：Wadworth Publishing Company，2009．

[7] 王春城．乡村婚俗改革合力的形成：政府干预边界与政策工具协同：基于一个全国婚俗改革实验区的案例研究 [J]．学术交流，2022（11）．

[8] 王春城，杜建芳．共建共治共享：社会公益参与产业精准扶贫的政策工具创新 [J]．行政论坛，2019（3）．

[9] 王春城．贫困治理中的政策依赖行为及其矫正：基于激励理论的分析 [J]．政治学研究，2021（2）．

[10] 王春城，刘欢欢．系统化构建与体系化运行：后脱贫攻坚时代的返贫风险治理政策框架 [J]．行政论坛，2022（2）．

[11] 王春城，王帅.脆弱性治理：回应巩固脱贫成果政策系统脆弱性的挑战 [J].内蒙古社会科学，2023（2）.

[12] 王春城.公共政策客体层次论及其对政策绩效评估的规定 [J].江苏社会科学，2019（1）.

[13] 王春城.政策精准性与精准性政策："精准时代"的一个重要公共政策走向 [J].中国行政管理，2018（1）.

[14] 王春城.公共政策过程的逻辑：倡导联盟框架解析、应用与发展 [M].北京：中国社会科学出版社，2013.

[15] 张行发，徐虹，张妍.从脱贫攻坚到乡村振兴：新内生发展理论视角：以贵州省 Y 县为案例 [J].当代经济管理，2021（10）.

[16] Matland Richard E. Synthesizing the Implementation Literature：The Ambiguity-Conflict Model of Policy Implementation[J].Journal of Public Administration Research and Theory，1995（2）.

[17] SCHNEIDER A，INGRAM H.Behaviorral assumptions of policy tools[J].Journal of Publics，1990（2）.

[18] 杨华磊.公共管理研究方法教材存在的问题与建构路径研究 [J].中国大学教学，2024（Z1）.

[19] 宁骚.公共管理类学科的案例研究、案例教学与案例写作 [J].新视野，2006（1）.

[20] 刘细良，汪丹丹，秦婷婷.论 MPA 案例教学改革与研究生创新能力培养 [J].学位与研究生教育，2010（5）.

[21] 李燕凌.公共管理教学中案例教学法的理论与实践研究 [J].高校教育管理，2016（2）.

[22] 徐凤增，袭威，徐月华.乡村走向共同富裕过程中的治理机制及其作用：一项双案例研究 [J].管理世界，2021（12）.

[23] 侯志阳，张翔.作为方法的"中国"：构建中国情境的公共管理案例研究 [J].公共管理学报，2021（4）.

[24] 蒙克，李朔严.公共管理研究中的案例方法：一个误区和两种传承 [J].

中国行政管理，2019（9）.

[25] 李春成. 略论公共管理案例研究 [J]. 中国行政管理，2012（9）.

[26] 卓越，唐红玉，聂爱霞. 公共管理评价性案例研究中的差异性选择 [J]. 中国行政管理，2023（2）.

[27] 杨立华，李志刚. 公共管理案例研究方法的基本路径 [J]. 郑州大学学报（哲学社会科学版），2022（4）.

[28] 魏娟玲，张鑫. 公共管理案例体系整体性构建研究 [J]. 教育理论与实践，2021（18）.

[29] 陈慧荣. 案例教学的方法论基础：以公共管理教学为例 [J]. 中国大学教学，2014（9）.

[30] 罗依平，戴宗. 案例教学改革与公共管理学科研究生科研创新能力培养 [J]. 研究生教育研究，2012（3）.

后　记

弹指一挥间，从教十七载。身为一名大学老师，自然承担着众所周知的科研职责并孜孜以求于学术成果，但终归还是把教书育人作为初心使命以及职业价值感的源头活水。有时会听到将教学和科研工作相对立的说法，认为二者不可两全而必倾其一，我始终对此不以为然。大学之所以是大学，大在"大学问"，而大学问意味着不仅要传播好已有知识，而且要创造出未有知识，即知识的生产。如果教学过程仅仅是把已有知识甚至是常识按部就班地输送给学生，那何以帮助学生具备发现问题、分析问题和解决问题的创新能力？创新能力不足又何以谓之人才？何况我们正在更亲密地拥抱人工智能，或者说，被人工智能所拥抱。因此，对大学老师而言，科研与教学恰似一枚硬币的两面，缺少任何一面，都是假币。

原创案例的开发工作主要是科学研究的过程，但其最终成果却可以具有很好的教学价值。基于原创案例所开展的案例教学过程，是打开理论复杂内幕、链接实践真实逻辑的一条有效通道。因此，这本书是科研和教学的双向奔赴：科研是底色，教学是功用，底色支撑功用，功用彰显底色。本书中的六个案例，均是过去三四十年间在公共管理专业科研与教学中运用的极具经典性的案例，有两个入选了中国专业学位教学案例库，有两个是省级教学案例建设项目的成果，还有两个是公共管理案例大赛的参赛（获奖）作品。每个案例在撰写体例上都包括了案例描述、案例分析以及教学手册，以力求便捷实用。这六个案例尽管在时间跨度上比较大，但都彰显了公共管理专业在面对不同时期的复杂社会问题时的有效策略与创新思维。本书希望通过对这些经典案例的回顾，帮助学生了解公共管理专业的发展脉络和方向，激发学生对未来实践的思考。

在本书撰写过程中，燕山大学文法学院（公共管理学院）的丛鑫教授、谢中起教授、娄文龙教授、陆洲教授、佟林杰副教授、吴菁博士、王晓慧博士等均予以宝贵指导，硕士、博士研究生苏菲、王帅、甄悦、李金洁等开展了大量的材料整理和校对等工作，燕山大学出版社孙亚楠编辑为本书出版提供了宝贵的专业支持，在此一并感谢。尽管力求科学严谨，但由于水平所限，书中恐有不妥之处，诚请大家包容和指正。

王春城

2024 年 5 月